Andree Ochoa

MAGIA EN LÍNEA (ONLINE MAGIC)

Aprende los secretos del éxito en línea.

Este libro se ha creado con StreetLib Write

https://writeapp.io

Tabla de contenidos

DEDICACIÓN ... 1

Introducción ... 3

Capítulo 1 - Planificación para el futuro, una introducción a la presencia en línea ... 5

    Entendiendo la Importancia de un Sitio Web ... 8

    Evolución de la Presencia en Línea ... 11

    Estableciendo Metas para tu Presencia en Línea ... 20

    Componentes Clave de un Sitio Web Exitoso ... 26

    ¿Tienes el nombre de dominio correcto? ... 32

Capítulo 2 - Fundamentos del Sitio Web ... 37

    Una visión general de Alojamiento y Servidores ... 45

    Decidiendo entre Desarrollo Web Profesional y Hacerlo Tu Mismo ... 49

    Seleccionando al Webmaster o Equipo de Desarrollo Adecuado ... 55

Capítulo 3 - Análisis de audiencia ... 63

    Realización de la investigación de audiencia, conoce lo que tus usuarios quieren ... 66

    Creando Personas de Usuario (User Personas) ... 71

Adaptando el Diseño y el Contenido a tu Audiencia … 75

Capítulo 4 - Estrategia de contenido … 81

Una historia de protección y cumplimiento … 81

Elaboración de llamados a la acción (CTA - Call-to-Actions) convincentes … 84

Estrategias de generación de leads … 86

Mantener una estrategia de contenido única y atractiva … 89

Capítulo 5 - Diseño y experiencia de usuario … 93

Optimización de la navegación del sitio web … 96

Pautas de diseño visual y marca … 99

Consideraciones de accesibilidad para todos los usuarios … 102

Capítulo 6 - Optimización del sitio web … 105

Personalización de la experiencia en línea … 106

Garantizar la compatibilidad entre navegadores … 108

Implementación de funciones interactivas y chatbots … 111

Colocar anuncios estratégicamente para la monetización … 113

Capítulo 7 - Mantenimiento y seguridad del sitio web … 117

Utilización de herramientas y plataformas de mantenimiento … 119

Implementación de medidas de seguridad contra amenazas cibernéticas … 125

Consideraciones de cumplimiento y protección de datos … 129

Capítulo 8 - Estrategias de marketing — 135

Creación y gestión de un blog para marketing de contenidos — 149

Aprovechando los medios tradicionales sin conexión para lograr el éxito en línea — 153

Capítulo 9 - Optimización de motores de búsqueda (SEO) — 159

Implementación de estrategias SEM para la visibilidad — 164

Creación de vínculos de retroceso de calidad y SEO fuera de la página — 170

Aprovechar las redes sociales para obtener beneficios de SEO — 175

Capítulo 10 - Tácticas de monetización — 181

Explorando diversos métodos de monetización — 184

Desarrollo y gestión de programas de afiliados — 187

Convertir el tráfico del sitio web en oportunidades de ventas — 189

Creación y venta de productos digitales — 193

Implementación de modelos basados en suscripción — 197

Ofreciendo contenido premium y membresías — 201

Monetización de boletines y listas de correo electrónico — 204

Organizar seminarios web y cursos en línea — 208

Aprovechar el contenido patrocinado y las reseñas pagadas — 212

Recibir pagos en línea — 216

Capítulo 11 - Estableciendo una oficina virtual ... 223

   Herramientas y tecnologías esenciales para el trabajo remoto ... 226

   Garantizar la productividad y la colaboración en línea ... 231

   Superando los desafíos de las operaciones remotas ... 235

Capítulo 12 - Monitoreo y análisis del desempeño ... 239

   Utilizando Google Analytics para obtener estadísticas ... 242

   Herramientas de análisis alternativas ... 244

   Indicadores clave de rendimiento (KPI) ... 247

   Mejoras iterativas basadas en análisis de datos ... 251

   Estrategias de optimización continua ... 253

   Análisis para monitoreo de seguridad ... 257

   Conclusión del desempeño del seguimiento ... 260

Capítulo 13 - Conclusión ... 263

   Estímulo para el desarrollo continuo ... 266

   Reflexiones finales sobre la magia en línea, el verdadero camino hacia el éxito ... 268

Glosario ... 273

DESLINDE DE RESPONSABILIDAD ... 279

DEDICACIÓN

Querido lector, gracias por adquirir "Magia en línea". Espero que encuentres todo lo que esperas aprender. Tú y yo juntos repasaremos muchos temas y conceptos que te ayudarán a aprender cómo crear una presencia en línea exitosa y ganar dinero con ello.

Me gustaría dedicar este libro a mi mamá y papá, y a todas las personas en mi vida que me dieron las herramientas adecuadas y me pusieron en el camino correcto para superarme y tener un buen futuro. También quiero agradecer a mis muchos mentores por darme consejos y apoyarme en diferentes momentos de mi vida, un agradecimiento especial a todos los miembros de mi equipo de trabajo que han estado a mi lado todos estos años y también a todas las personas que me rodean que han creído en mí y han hecho posible este libro.

En las siguientes páginas aprenderás cómo planificar tu sitio web, crear una presencia en línea exitosa y ganar dinero utilizando Internet combinando esfuerzos fuera de línea y en línea, y te enseñaré la forma de tener una presencia en línea exitosa basada en mis propias experiencias y conocimientos de la industria de Internet, conocimientos que he adquirido durante los años y situaciones que han pasado.

Así que, ¡vamos y sumerjámonos en esta emocionante nueva aventura!

INTRODUCCIÓN

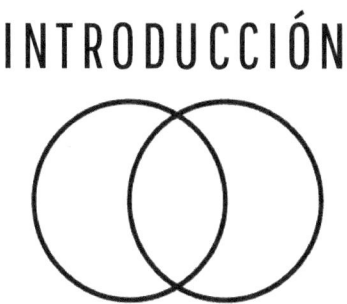

Este libro está dirigido a personas que están pensando en comenzar un sitio web completamente nuevo y para aquellos que ya tienen un sitio web y desean mejorarlo. Para comprender este libro, es posible que se requiera poco o ningún conocimiento técnico. Intentaré ser lo más específico posible y explicar todo con detalle. A lo largo de este libro, compartiré ideas importantes y comentarios. Para resaltar estos puntos clave, los encerraré entre comillas y los presentaré en formato itálica. Estén atentos a estos comentarios, ya que proporcionan orientación valiosa y contexto adicional para el contenido presentado.

El objetivo de este libro es ayudarte a aprender a crear sitios web exitosos, promocionarlos y atraer la mayor cantidad de tráfico posible para que puedas cerrar más ventas, obtener más clientes potenciales, ganar más suscriptores de correo electrónico, o cualquier otro uso que puedas darle al tráfico de tu sitio web. No se trata solo de que tu sitio web sea bueno o tenga un buen diseño, no se trata solo de tu trabajo de SEO o de la presentación en los motores de búsqueda. Se trata de todas esas cosas juntas en su conjunto. Piénsalo como un balón de fútbol, un buen balón de fútbol está formado por muchas piezas de cuero cosidas juntas para convertirse en una pelota, los buenos sitios web también siguen ese patrón. Están integrados por muchas piezas diferentes que forman un sitio web completo y exitoso.

Vale la pena mencionar que el contenido de este libro se basa en experiencias de la vida real, y el tiempo, los lugares y los nombres han sido cambiados para proteger las identidades reales de las personas.

Habiendo dicho esto, me gustaría comenzar con lo importante, no perdamos más tiempo y continuemos. Espero que disfrutes mi libro y no dudes en contactarme para obtener más información, preguntas o comentarios en mi sitio web: https://www.andreeochoa.com

CAPÍTULO 1 - PLANIFICACIÓN PARA EL FUTURO, UNA INTRODUCCIÓN A LA PRESENCIA EN LÍNEA

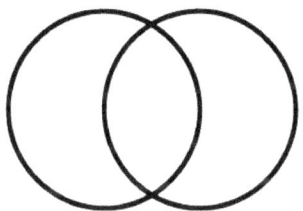

En el verano de 1998, enclavado en la bulliciosa ciudad de Tijuana, México, me encontré en un momento crucial. Como un niño inquieto y curioso, albergaba una profunda fascinación por todo lo electrónico, alimentada por la pasión de mi padrastro por los sistemas de sonido y los dispositivos. A pesar de su ocasional frustración con mis experimentos, fue a través de su influencia que me introduje por primera vez al cautivador mundo de la electrónica.

En medio del caos de adaptarme al reciente matrimonio de mi madre y la desaparición de mi adorada consola Nintendo, anhelaba una nueva salida para mi energía y creatividad sin límites. Sin embargo, el destino tenía otros planes, y en lugar del codiciado Super Nintendo, me encontré en posesión de un sistema SEGA que no lograba capturar mi imaginación.

Con el paso de los años, y después de haber ido a vivir con mi papá, emprendí un viaje de autoconocimiento y resiliencia, moldeado por las lecciones aprendidas dentro de la fábrica de muebles de mi padre. Rodeado de aserrín y madera sin terminar, absorbí las invaluables enseñanzas del trabajo duro y la determinación, sentando las bases para mis futuros emprendimientos.

Fue dentro de este humilde entorno donde mi pasión por las computadoras fue encendida, alimentada por los relicarios polvorientos de las antiguas PC de mi tío y mi papá. A pesar de mi acceso limitado a la tecnología, me sumergí en el mundo de la informática, impulsado por una sed insaciable de conocimiento y comprensión.

A medida que el amanecer del nuevo milenio anunciaba el advenimiento de la era de internet, me encontraba en el umbral de una revolución digital. Con empresas como AOL y Yahoo ofreciendo acceso gratuito a internet a través de conexiones dial-up, la red mundial de internet llamaba con posibilidades incontables y oportunidades ilimitadas.

Sin embargo, en medio de la emoción y la promesa de la incipiente era de internet, permanecí arraigado en las realidades del trabajo duro y la perseverancia en la fábrica de muebles de mi padre. Armado con habilidades recién adquiridas, el tiempo pasaba, y una determinación implacable por tener éxito, emprendí un viaje de exploración y descubrimiento, navegando por el paisaje tecnológico en constante cambio con una resolución inquebrantable. Era uno de esos raros especímenes de personas que se encontraban inmersos en la tecnología en un garaje o, en mi caso, en un cibercafé con mi grupo de amigos descubriendo lo que se podía lograr en Internet. Recuerdo que nos reuníamos para tener maratones de comer, beber y programar. "¡Esos fueron los buenos tiempos!"

Desde los pasillos polvorientos de una fábrica de muebles, hasta los bulliciosos pasillos de un centro de llamadas, e incluso navegando por el vibrante ambiente de un mercado sobre ruedas, mi camino estuvo lleno de desafíos y contratiempos. Sin embargo, con cada obstáculo superado, emergí más fuerte y resiliente, impulsado por una firme creencia en el poder transformador de la innovación y la ingeniosidad que ofrece la tecnología.

Al reflexionar sobre mi viaje desde humildes comienzos hasta un éxito recién descubierto, me acuerdo del profundo impacto que la planificación para el futuro y la adopción del mundo digital pueden tener en la vida de una persona. A través de la dedicación, la perseverancia y la disposición para adaptarse a las circunstancias cambiantes, he sido testigo en primera persona del poder transformador de la presencia en línea y las innumerables oportunidades que ofrece.

Al adentrarnos en una nueva era de innovación tecnológica, demos la bienvenida a las oportunidades ilimitadas de la era digital con entusiasmo. Al planificar meticulosamente y mirar hacia adelante, podemos aprovechar el potencial de nuestra presencia en línea para labrar un futuro más brillante y próspero para nosotros y las generaciones futuras.

Entendiendo la Importancia de un Sitio Web

A medida que inicié y continué gestionando mi agencia de consultoría en tecnología de la información, reconocí el potencial de expandir mis servicios hacia el mundo digital. Así, incursioné en ofrecer servicios de diseño de sitios web y conectividad a internet dentro del edificio donde me encontraba en ese momento. Sin embargo, mi primera incursión en brindar cobertura de internet inalámbrico se enfrentó a desafíos, limitados por restricciones presupuestarias.

Sin amilanarme, busqué oportunidades para mejorar mi infraestructura de red y ampliar mi clientela. Al asegurar un espacio de oficina más asequible, pude extender mi cobertura de internet inalámbrico a edificios adicionales cercanos y áreas del centro. Un punto de inflexión ocurrió cuando comencé a ofrecer servicios de colocación de alojamiento a varias empresas y entidades gubernamentales. Esto impulsó mi incursión en las ventas por internet y en el establecimiento de una sólida presencia en línea.

Inspirado por este nuevo éxito, incursioné en la venta en línea de nombres de dominio y servicios de alojamiento, así como otras tecnologías de internet. A pesar de contratiempos iniciales, incluidos problemas de disponibilidad de nombres de dominio, perseveré en mi búsqueda de adquirir DomainCart.com, la piedra angular de mi empresa en línea. Después de años de negociación y planificación estratégica, finalmente aseguré el dominio de un vendedor privado, marcando un momento crucial en mi viaje.

Con DomainCart.com como mi plataforma, me propuse revolucionar el mercado en línea, ofreciendo una suite integral de servicios que incluyen registro de dominios, alojamiento, certificados SSL y soluciones de correo electrónico.

Impulsado por la pasión y la determinación inquebrantable, no dejé piedra sin remover en la creación de una interfaz fácil de usar y la obtención de una infraestructura de primera clase para brindar un servicio inigualable a mi clientela. Esto me llevó a buscar colaboraciones con gigantes tecnológicos líderes, vínculos que continúan prosperando y floreciendo, dando forma a la trayectoria de mi viaje hasta el día de hoy.

Moverme de una firma de TI a un negocio integral de servicios de internet marcó un cambio crucial en mis prioridades, dirigiendo mi atención hacia la creación de interfaces de sitios web centradas en el usuario y personalizadas para satisfacer los distintos requisitos de cada cliente. A lo largo de este viaje, profundicé en las complejidades del diseño efectivo de sitios web, la generación de tráfico, la adquisición de clientes potenciales y la generación de ventas. Esta evolución me llevó a sumergirme en el mundo de la investigación meticulosa de palabras clave, optimizando minuciosamente mi sitio web para lograr la máxima visibilidad e influencia. En ese entonces, pocas personas sabían cómo hacerlo, y nadie compartía la información, así que básicamente era una tarea de prueba A/B diaria.

Mi viaje ha estado marcado por hitos, desde aventuras vertiginosas desde Costa Rica, México y los Estados Unidos, hasta eventos VIP exclusivos y desfiles de moda internacionales. Hoy, DomainCart.com se erige como un faro de innovación y excelencia, ofreciendo soluciones de vanguardia en servicios relacionados con internet.

A medida que continuamos evolucionando y adaptándonos al siempre cambiante panorama digital, una cosa queda clara: la importancia de un sitio web va mucho más allá de su estética. Sirve como una puerta de entrada al mundo digital, un testimonio de la identidad de tu marca y una poderosa herramienta para impulsar el crecimiento y el éxito.

En un mundo donde la presencia en línea es primordial, abracemos el poder transformador de la tecnología y aprovechémoslo para desbloquear nuevas oportunidades y alcanzar mayores alturas de éxito. Juntos, podemos navegar por las complejidades del mundo digital y salir más fuertes, más sabios y más resilientes que nunca antes.

Evolución de la Presencia en Línea

La evolución de la presencia en línea ha sido un viaje fascinante marcado por avances significativos en la tecnología y cambios en los comportamientos del consumidor. Internet ha transformado la forma en que nos comunicamos, interactuamos y hacemos negocios, haciendo que sea esencial que individuos y empresas establezcan una fuerte presencia en línea. Vamos a explorar la evolución de la presencia en línea, desde los primeros días de internet hasta el sofisticado panorama digital de hoy.

En los primeros días de internet, la presencia en línea era un concepto simple que implicaba crear un sitio web o blog básico en HTML para compartir información con otros. Los sitios web eran páginas estáticas basadas en texto que carecían de interactividad y elementos multimedia. Las empresas y los individuos usaban sitios web principalmente como folletos en línea o portafolios para mostrar sus productos, servicios o habilidades. La mayoría de los sitios web eran operados por escuelas, estudiantes, entidades gubernamentales o grandes corporaciones. La interacción social ocurría a través de la participación en salas de chat de IRC. IRC, abreviatura de Internet Relay Chat, a menudo se considera un precursor de las redes sociales contemporáneas. Opera como un protocolo que facilita la comunicación de texto en tiempo real a través de internet. Aunque puede no alinearse con el concepto convencional de una red social debido a la ausencia de perfiles de usuario y otras características típicas de las redes sociales, hasta el día de hoy IRC sirve como plataforma para el compromiso social y la formación de comunidades.

A medida que internet progresaba hacia lo que ahora conocemos como la era comercial de la web 1.0, IRC jugaba un papel significativo en la formación de la comunicación en línea.

La aparición de plataformas de redes sociales como MySpace, Hi5, AOL y MSN Messenger, Facebook, Twitter, LinkedIn, Instagram y otros, combinada con el acceso móvil, nos llevó a lo que ahora conocemos como web 2.0. Esto revolucionó la presencia en línea al permitir que individuos y empresas se conecten e interactúen con sus audiencias, clientes, familiares y amigos en tiempo real. Las redes sociales permitieron la comunicación bidireccional, el intercambio de contenido y la construcción de comunidades, facilitando que las marcas construyan relaciones con clientes y prospectos.

La proliferación de teléfonos inteligentes y tabletas ha transformado aún más la presencia en línea, haciendo que sea imperativo que los sitios web sean compatibles con dispositivos móviles y receptivos. Los dispositivos móviles se han convertido en el principal medio de acceso a internet, lo que lleva a las empresas a optimizar sus sitios web para los usuarios móviles para mejorar la experiencia del usuario y mejorar el ranking en los motores de búsqueda.

Todo esto nos llevó a una era de lo que yo llamo "El boom del comercio electrónico", que también desempeñó un papel crucial en la evolución de la presencia en línea, esto combinado con aplicaciones móviles, nos llevó a lo que hoy conocemos como la web 3.0. A medida que las empresas han desplazado cada vez más su enfoque a las ventas en línea y las estrategias de marketing digital. Plataformas de comercio electrónico como Shopify, WooCommerce y Magento han facilitado que las empresas configuren tiendas en línea, procesen pagos y alcancen audiencias globales.

Esto hizo que el marketing de contenido surgiera como un componente clave de la presencia en línea, con empresas creando y distribuyendo contenido valioso, relevante y atractivo para atraer y retener clientes. Los blogs, videos, infografías, podcasts y publicaciones en redes sociales se han convertido en herramientas esenciales para construir la conciencia de marca, impulsar el tráfico del sitio web y generar clientes potenciales.

Todo esto ha hecho que la optimización de motores de búsqueda (SEO) y el marketing en motores de búsqueda

(SEM) se conviertan en estrategias esenciales para mejorar la visibilidad en línea y generar tráfico orgánico y de pago a los sitios web. Las empresas invierten en tácticas de SEO y SEM para aumentar sus clasificaciones en los motores de búsqueda, impulsar el tráfico del sitio web y generar clientes potenciales y ventas.

Como puedes ver, a través de la evolución de internet, establecer una sólida presencia en línea ofrece una variedad de beneficios para individuos y empresas, incluidos:

- Aumento de la visibilidad y conciencia de la marca
- Alcance ampliado y compromiso de la audiencia
- Mejora de las relaciones y la lealtad del cliente
- Acceso más fácil a mercados y clientes globales
- Mayor tráfico y conversiones del sitio web

Por eso es importante crear una presencia en línea exitosa. Considera los siguientes consejos prácticos:

- Identifica tu audiencia objetivo y define tus objetivos en línea
- Elige el nombre de dominio adecuado y el proveedor de alojamiento para tu sitio web

- Diseña un sitio web fácil de usar y visualmente atractivo

- Crea contenido de alta calidad que sea relevante y valioso para tu audiencia

- Interactúa con tu audiencia en las redes sociales y responde a comentarios y preguntas

- Optimiza tu sitio web para los motores de búsqueda para mejorar la visibilidad y el ranking

- Monitorea tu presencia y rendimiento en línea utilizando herramientas de análisis y repite.

La lista anterior de consejos prácticos debería funcionar para casi cualquier tipo de negocio al comenzar a planificar tu presencia en línea.

He creado dos estudios de caso basados en situaciones de la vida real que me hubiera gustado capturar completamente aquí, pero en su lugar te dejo un resumen de ellos. Lo cual creo que servirá como un ejemplo para entender la importancia de la presencia en línea y hacia dónde se dirige.

Estudios de Caso

Estudio de Caso 1: Transformación de la Joyería de Emma en Comercio Electrónico

Enfrentándose a un desafío considerable para la visibilidad en línea, La Joyería de Emma, una pequeña empresa de comercio electrónico especializada en joyería hecha a mano, se sometió a una revisión completa de su presencia digital. Reconociendo la creciente importancia de la accesibilidad móvil, Emma renovó su sitio web para garantizar una navegación y funcionalidad fluidas en diversos dispositivos. La empresa adoptó un enfoque estratégico de marketing de contenido, enfatizando la narración convincente y el contenido visualmente cautivador para involucrar de manera efectiva a su audiencia objetivo.

Los resultados de estas iniciativas estratégicas fueron transformadores. La Joyería de Emma experimentó un notable aumento del 50% en el tráfico del sitio web, lo que indica un aumento significativo en la visibilidad en línea y la conciencia de marca. Este aumento en el tráfico se tradujo directamente en resultados comerciales tangibles, con un aumento del 30% en las ventas, demostrando un impulso sustancial en la generación de ingresos. Además, Emma presenció una notable expansión del 20% en su base de seguidores en redes sociales, lo que indica un mayor compromiso de la audiencia y afinidad de marca en plataformas digitales.

El éxito de la transformación de la Joyería de Emma en comercio electrónico sirve como testimonio del poder de las iniciativas estratégicas de marketing digital adaptadas para satisfacer las necesidades y preferencias cambiantes de los consumidores en línea de hoy. A través de una combinación de optimización del sitio web, excelencia en el marketing de contenido y un enfoque centrado en el cliente, Emma no solo mejoró su presencia en línea, sino que también logró un crecimiento medible en ventas y compromiso con la marca, posicionándose para un éxito sostenido en el competitivo panorama del comercio electrónico.

Estudio de Caso 2: El Viaje de Jane hacia el Éxito como Escritora Freelance

Jane, una talentosa escritora freelance, emprendió su camino profesional con la visión de establecer una próspera presencia en línea y labrarse un nicho en el competitivo mundo de la escritura freelance. Aprovechando el poder de las plataformas digitales, Jane se propuso crear un portafolio en línea sólido que mostrara su habilidad para escribir, su experiencia y su voz única.

Muy importante en la estrategia de Jane fue el desarrollo de un sitio web personal que sirviera como un centro dinámico para sus esfuerzos profesionales. A través de su sitio web, Jane curó meticulosamente un extenso portafolio de escritura, mostrando una amplia gama de proyectos, artículos y trabajos creativos que resaltaban su versatilidad y conjunto de habilidades. Además, Jane mantuvo un blog activo donde compartía ideas de la industria, consejos de escritura y reflexiones personales, demostrando aún más su liderazgo de pensamiento y experiencia en el campo.

Paralelamente, Jane reconoció la importancia de las redes sociales como una poderosa herramienta para la creación de redes y el compromiso con la audiencia. Al aprovechar estratégicamente plataformas como LinkedIn, Twitter e Instagram, Jane cultivó una vibrante presencia en línea, interactuando con su audiencia, participando en discusiones relevantes y compartiendo contenido valioso que resonaba con su público objetivo. Además, Jane colaboró activamente con otros escritores, bloggers e influencers de la industria, fomentando conexiones significativas y expandiendo su red profesional.

Los resultados del enfoque estratégico de Jane fueron nada menos que notables. Armada con un atractivo portafolio en línea y una sólida presencia en redes sociales, Jane atrajo con éxito a nuevos clientes, consiguió trabajos de escritura y aseguró oportunidades lucrativas dentro de su industria. Además, el compromiso proactivo de Jane con su audiencia y su compromiso de ofrecer contenido de alta calidad la posicionaron como una autoridad de confianza en la comunidad de escritores freelance, mejorando aún más su reputación y credibilidad.

El emprendimiento de Jane sirve como testimonio del poder transformador de un enfoque estratégico y multifacético para construir una presencia en línea. A través de su dedicación, creatividad y búsqueda implacable de la excelencia, Jane no solo logró el éxito como escritora freelance, sino que también allanó el camino para un crecimiento y expansión continuos en sus esfuerzos profesionales.

Como puedes ver, tener una buena presencia en línea puede influir en gran medida en el rendimiento de nuestro negocio. He sido testigo de primera mano de la evolución de la presencia en línea y el impacto que tiene en las empresas y personas. A través de mis experiencias personales y profesionales, he aprendido la importancia de establecer una sólida presencia en línea, interactuar con tu público objetivo y optimizar continuamente tus activos digitales para mantenerse adelante en el competitivo panorama en línea de hoy.

La evolución de la presencia en línea ha recorrido un largo camino desde los sitios web estáticos hasta las dinámicas plataformas de redes sociales, las tiendas de comercio electrónico y los blogs ricos en contenido. Al abrazar las últimas tendencias y tecnologías digitales, individuos y empresas pueden crear una presencia en línea exitosa que impulse la conciencia de marca, el compromiso del cliente y el crecimiento de los ingresos. La magia en línea está al alcance de aquellos que estén dispuestos a invertir tiempo, esfuerzo y recursos en construir y mantener su presencia en línea.

Estableciendo Metas para tu Presencia en Línea

Reconocer la importancia de establecer objetivos claros para tu presencia en línea es imperativo, mi objetivo es elucidar estrategias efectivas para planificar meticulosamente y alcanzar el éxito en el panorama digital. Aprovechando mi amplia experiencia en TI y mi conocimiento en marketing digital, me esfuerzo por ofrecer valiosas perspectivas derivadas de años de cultivar mi presencia en línea y generar ingresos a través de diversas vías en línea.

Establecer metas para tu presencia en línea es crucial para lograr el éxito en el mundo digital. Sin objetivos claros y una buena ruta que guíe tus esfuerzos, es fácil perderse en la vasta expansión de internet. Permíteme compartir algunas ideas que he recopilado a lo largo de mi trayectoria, centrándome en cómo planificar tu sitio web, crear una presencia en línea exitosa y, en última instancia, ganar dinero en línea.

"Conoce tu Propósito"

Antes de adentrarnos más en el mundo de la presencia en línea, es esencial definir tu propósito. Comprender por qué deseas establecerte una presencia en línea ayudará a guiar tu proceso de toma de decisiones y asegurará que tus esfuerzos estén alineados con tus objetivos. Ya sea que tu objetivo sea construir una marca personal, vender productos o servicios, o compartir contenido valioso con una audiencia específica, tener un propósito claro establecerá el tono para tu presencia en línea.

Una vez que hayas clarificado tu propósito, es hora de visualizar el futuro de tu sitio web. Imagina cómo deseas que luzca, se sienta y funcione. Considera la experiencia del usuario: ¿Cómo navegarán los visitantes por tu sitio? ¿Qué acciones deseas que realicen? Cierra los ojos e imagina las características y elementos únicos que harán que tu sitio web se destaque de la competencia. Además, imagina que ya estás utilizando tu sitio web. ¿Cómo se siente? Imagínate gestionando tus ventas en línea sin esfuerzo e interactuando con los clientes como si tu sitio web ya existiera. Al imaginar vívidamente el resultado deseado de tu sitio web y comprometerte activamente con esta visión, sentarás las bases para un viaje de desarrollo exitoso.

Debes comenzar identificando tu público objetivo, lo cual es crucial para crear una presencia en línea exitosa. Al comprender quién es tu audiencia, sus necesidades, preferencias y comportamientos, puedes adaptar tu contenido, mensajes y estrategias de marketing para resonar con ellos de manera efectiva. Realizar investigación de mercado, analizar datos e interactuar con tu audiencia te ayudará a crear una conexión que impulse la participación, la lealtad y, en última instancia, las conversiones.

Además, al igual que en todo en la vida, es importante establecer objetivos. Al establecer objetivos para tu presencia en línea, es esencial seguir los criterios SMART (Por sus siglas en inglés): Específico, Medible, Alcanzable, Relevante y Limitado en el Tiempo. Al establecer objetivos claros y cuantificables, podrás rastrear tu progreso, medir el éxito y realizar ajustes según sea necesario. Ya sea que tus objetivos involucren aumentar el tráfico del sitio web, generar clientes potenciales o aumentar las tasas de conversión, asegurarte de que sean SMART te brindará una sólida base para el crecimiento.

Echa un vistazo a la siguiente tabla de ejemplo de objetivos SMART que se realizó para la Joyería de Emma cuando se planeó su nuevo sitio web.

Tabla de Objetivos SMART para la Joyería de Emma

Objetivo	Métricas Clave	Meta	Fecha Límite
Aumentar el tráfico del sitio web	Visitantes únicos, Vistas de página.	Crecimiento del 20%.	Q3 2022
Mejorar la tasa de conversión	Tasa de conversión.	Incremento del 5%.	Q4 2022
Expandir la lista de suscriptores de correo electrónico.	Suscriptores	1,000 sus	Q2 2022

Una vez que se hayan establecido tus objetivos SMART, puedes continuar en tu camino. Pero primero, exploremos los siguientes tres temas de manera resumida.

Desarrollar una Estrategia de Contenido.

El contenido es fundamental en el mundo online, y tener una sólida estrategia de contenido es esencial para construir una presencia en línea exitosa. Ya sea que crees publicaciones de blog, videos, podcasts o contenido en redes sociales, la consistencia es clave. Define tus pilares de contenido, voz, tono y frecuencia para asegurar que tu mensaje se alinee con tu marca y resuene con tu audiencia.

Establece fechas para publicar/subir contenido a tu sitio web y hazlo de manera ordenada para que tus usuarios puedan relacionarse con tus actualizaciones regulares. Refleja tu personalidad o tu experiencia en tu contenido o actualizaciones y pregúntate si tus clientes están obteniendo la información que necesitan de tu sitio web. Utiliza herramientas de análisis para rastrear el rendimiento y optimizar tu estrategia de contenido para obtener el máximo impacto.

Aprovecha el SEO y el Marketing Digital.

La optimización para motores de búsqueda (SEO) y el marketing digital son herramientas invaluables para dirigir tráfico a tu sitio web y aumentar la visibilidad online. Al optimizar tu sitio web para los motores de búsqueda, implementar estrategias de palabras clave y crear contenido convincente, puedes mejorar tus clasificaciones de búsqueda orgánica y atraer tráfico relevante. Además, invertir en canales de marketing digital como las redes sociales, el marketing por correo electrónico y la publicidad de pago por clic puede ayudarte a llegar a una audiencia más amplia y generar conversiones.

Monetiza tu presencia online.

Una vez que hayas establecido una sólida presencia en línea, es hora de monetizar tus esfuerzos. Hay varias formas de generar ingresos en línea, incluyendo marketing de afiliación, contenido patrocinado, venta de productos o servicios y creación de productos digitales. Evalúa tus opciones, experimenta con diferentes estrategias de monetización y realiza un seguimiento del rendimiento para identificar qué funciona mejor para tu audiencia y se alinea con tus objetivos.

Establecer objetivos claros para tu presencia en línea sienta las bases para un próspero viaje digital. Desde aclarar tu propósito hasta identificar tu audiencia objetivo y elaborar objetivos SMART, cada paso desempeña un papel fundamental en la formación de tu éxito. Sin embargo, si bien los objetivos SMART proporcionan un marco tangible para el progreso, es esencial reconocer el valor de otros objetivos que pueden ser menos medibles, pero igualmente significativos. Objetivos como fomentar la participación de la comunidad, estrategias de contenido, optimización para motores de búsqueda (SEO), monetización y mantener la integridad de la marca contribuyen al crecimiento holístico y sostenibilidad de tu presencia online. Al abrazar un enfoque equilibrado que abarque tanto objetivos medibles como cualitativos, puedes cultivar una presencia digital dinámica e impactante que resuene con tu audiencia y conduzca al éxito a largo plazo.

"Recuerda que el éxito en el mundo en línea lleva tiempo, esfuerzo y perseverancia."

Componentes Clave de un Sitio Web Exitoso

Hacer que tu sitio web sea exitoso es crucial para personas y empresas que buscan establecer una presencia en línea y ganar dinero. He pasado años perfeccionando el arte de crear sitios web exitosos que generan ingresos. Permíteme compartir contigo los componentes clave que son esenciales para que un sitio web tenga éxito en el competitivo mundo en línea.

Como mencioné en el capítulo anterior, antes de siquiera comenzar a construir tu sitio web, es crucial tener una comprensión clara de su propósito y público objetivo. ¿Cuál es el objetivo de tu sitio web? ¿A quién estás tratando de alcanzar? ¿Refleja tu experiencia personal? Sin un propósito y público objetivo definidos, tu sitio web carecerá de dirección y es posible que no atraiga a los visitantes adecuados. Condenándolo a no obtener los resultados que buscas. Por lo tanto, es importante siempre planificar qué deseas que encuentre tu audiencia en tu sitio web antes de comenzar con el desarrollo.

En el mundo actual centrado en dispositivos móviles, tener un diseño receptivo es esencial para un sitio web exitoso. Esto significa que tu sitio web debe poder adaptarse a diferentes tamaños de pantalla y dispositivos, brindando a los usuarios una experiencia de navegación fluida ya sea que estén usando una computadora de escritorio, una tableta o un teléfono inteligente. Ten en cuenta que no es obligatorio mostrar siempre la misma información en tu sitio web móvil que en tu versión de escritorio. Algunas empresas eligen mostrar solo las partes o herramientas importantes de sus sitios web en la versión móvil debido a la falta de espacio en la pantalla de algunos dispositivos. Para saber cómo elegir qué mostrar, siempre puedes confiar en las analíticas de tu sitio web para buscar tu contenido más visitado.

"Siempre prueba tu sitio web en diferentes tamaños de pantalla, tanto en versiones de escritorio como móviles."

Una vez que tu diseño esté completamente probado, es hora de pensar en el contenido. El contenido es fundamental cuando se trata de atraer tráfico a tu sitio web y cautivar a los visitantes. Contenido relevante y de alta calidad, optimizado para los motores de búsqueda, no solo atraerá más visitantes, sino que también los mantendrá regresando por más. Desde publicaciones de blog hasta videos e infografías, asegúrate de que tu contenido sea informativo, atractivo y valioso para tu audiencia. De la misma manera en que se crea contenido para tus cuentas de redes sociales a diario, también debe crearse para tu sitio web. Y es mejor si el enfoque de tu contenido en redes sociales coincide con el de tu sitio web. No digo que sea obligatorio actualizar tu sitio web a diario, pero si lo haces, definitivamente ayudará a tus clasificaciones en los motores de búsqueda.

Otro aspecto importante para el funcionamiento adecuado de un sitio web es que tenga una navegación fácil de usar. Un sitio web con una navegación confusa puede alejar rápidamente a los visitantes y hacer que abandonen tu sitio. Asegúrate de que tu sitio web tenga un menú de navegación claro e intuitivo que facilite a los usuarios encontrar lo que están buscando. Considera organizar tu contenido en categorías y subcategorías para ayudar a los usuarios a navegar por tu sitio de manera más efectiva. También asegúrate siempre de dar prioridad a la colocación de enlaces importantes, como el producto o servicio que deseas vender, tu página de contacto o número de teléfono, básicamente tu llamada a la acción principal o las páginas más visitadas de tu sitio web. Al elegir qué es importante para tu menú, siempre puedes confiar en las analíticas de tu sitio web para ver qué páginas están funcionando mejor.

Un llamado a la acción (CTA - Call-To-Action) efectivo, mostrado en el lugar adecuado, sirve como una herramienta poderosa para transformar visitantes en clientes potenciales o clientes valiosos. Ya sea que implique suscribirse a un boletín informativo, completar una compra o solicitar más información, tu sitio web debe contar con CTAs distintos y persuasivos que motiven a los visitantes a interactuar con tus ofertas. En pocas palabras, un llamado a la acción guía a los usuarios hacia la acción específica que deseas que realicen, impulsando conversiones y avanzando en tus objetivos comerciales. No es tan difícil, no te preocupes, profundizaremos en los llamados a la acción en los siguientes capítulos.

Sin embargo, debido a que ahora vivimos en un mundo acelerado, nadie tiene tiempo para esperar que se cargue un sitio web lento. Asegúrate de que tu sitio web se cargue rápidamente para proporcionar a los usuarios una experiencia de navegación fluida. Elige el proveedor de servidor de alojamiento y el plan de alojamiento adecuados, comprime imágenes, optimiza el código y aprovecha el almacenamiento en caché del navegador para mejorar la velocidad de carga de tu sitio web. Siempre puedes usar las herramientas de PageSpeed de Google (https://developers.google.com/speed) para ayudarte a analizar y optimizar tu sitio web. La velocidad del sitio web es realmente importante, especialmente cuando hay competencia en tu nicho de negocio. Un sitio web lento podría ser la razón por la que el algoritmo de un motor de búsqueda decida mostrar a la competencia y no a ti.

Para fines de resultados en motores de búsqueda, no solo la velocidad del sitio web es importante, sino también la Optimización para Motores de Búsqueda (SEO), que es un componente crucial de un sitio web exitoso, ya que ayuda a mejorar la visibilidad de tu sitio en las páginas de resultados de los motores de búsqueda. Desde la optimización de palabras clave hasta las etiquetas meta y la construcción de enlaces, asegúrate de que tu sitio web esté optimizado para los motores de búsqueda para atraer más tráfico orgánico. Optimizar tu sitio web para SEO significa hacer que sea fácil de leer y entender para los robots de los motores de búsqueda para que puedan referir la mayor cantidad posible de tráfico a tu sitio web cuando sus usuarios busquen información en sus portales. Además de Google, hay otros motores de búsqueda importantes, como Bing, Yahoo, Yandex, DuckDuckGO, Baidu, Ask.com y muchos más. Es importante optimizar para todos ellos, aunque casi todos siguen el mismo patrón de optimización.

Para medir el éxito de tu sitio web y tomar decisiones basadas en datos, es importante implementar herramientas de análisis y seguimiento. Plataformas como Google Analytics, Matomo, Piwik PRO, Clicky, Heap y Clarity de Microsoft proporcionan información valiosa sobre cómo interactúan los usuarios con tu sitio, qué páginas funcionan bien y dónde hay margen de mejora. Hay muchas alternativas para usar en analítica, así que asegúrate de elegir la mejor opción para tu negocio. Implementar análisis y seguimiento es fácil, la mayoría de las plataformas te proporcionarán un código que puedes copiar y pegar en el código de tu sitio web.

El diseño profesional y la marca de tu sitio web también son una parte muy importante. Un sitio web bien diseñado con elementos de marca cohesivos puede ayudar a establecer credibilidad y confianza con tu audiencia. Invierte en servicios de diseño profesional para crear un sitio web visualmente atractivo que refleje la identidad de tu marca y resuene con tu público objetivo. Sin olvidar la parte interactiva, y por supuesto, la seguridad.

Con las amenazas cibernéticas en aumento, priorizar la seguridad del sitio web es también fundamental. Es crucial implementar medidas como la certificación SSL, copias de seguridad regulares y una protección robusta de contraseñas para fortalecer tu sitio web contra posibles brechas y proteger los datos sensibles de tus usuarios. Opcionalmente, encriptar tu base de datos puede ofrecer una seguridad más elevada en caso de una brecha en el sitio web. Sin embargo, es importante encontrar un equilibrio, ya que, si bien una base de datos encriptada agrega una capa adicional de protección, puede provocar tiempos de carga más largos y un mayor trabajo del servidor. Por lo tanto, es crucial considerar cuidadosamente estos factores al construir tu sitio web.

Al implementar estos componentes clave, puedes preparar tu sitio web para el éxito y maximizar su potencial para generar ingresos en línea. Recuerda, crear un sitio web exitoso es un proceso continuo que requiere optimización y adaptación constantes para satisfacer las demandas siempre cambiantes del mundo digital.

"Con la estrategia adecuada y un compromiso con la excelencia, puedes convertir tu sitio web en una empresa en línea completamente rentable."

¿Tienes el nombre de dominio correcto?

Elegir el nombre de dominio adecuado es crucial para establecer tu identidad en línea, al igual que seleccionar el letrero perfecto para un negocio físico. Tu nombre de dominio es la dirección web que los usuarios escribirán en sus navegadores para acceder a tu sitio web. Es tu marca en línea, por lo que es esencial elegir sabiamente. Típicamente, un nombre de dominio consta de dos partes: el nombre real (por ejemplo, "ejemplo") y la extensión de dominio (por ejemplo, ".COM"). La extensión de dominio, también conocida como dominio de nivel superior (TLD), es el sufijo que sigue al nombre de dominio e indica el tipo o categoría de sitio web que representa. La extensión de dominio más común y ampliamente reconocida es .COM, pero hay numerosas opciones disponibles, incluyendo .NET, .ORG, .INSURE, y muchas más. Cada extensión lleva sus propias connotaciones y puede ser más adecuada para tipos específicos de empresas u organizaciones. Es esencial investigar y considerar tus opciones cuidadosamente antes de tomar una decisión. Mientras exploras diferentes opciones de nombres de dominio, considera registrar tu dominio con un registrador confiable como DomainCart.com. Como un registrador de dominios de confianza, DomainCart.com ofrece una amplia gama de extensiones de dominio y proporciona servicios esenciales como gestión de dominios y soporte para ayudarte a establecer y mantener tu presencia en línea con facilidad.

Aquí hay algunas consideraciones clave a tener en cuenta al decidir un nombre de dominio:

1. Refleja tu Marca:

- **Nombre de Negocio:** Idealmente, tu nombre de dominio debería estar alineado con el nombre de tu negocio o identidad de marca. Esto ayuda a establecer consistencia en tus canales de marketing.
- **Perdurable:** Elige un nombre de dominio que sea fácil de recordar y escribir. Evita ortografías complejas, guiones o números que puedan confundir a los visitantes potenciales. A menos que estés preparado para invertir dinero en marketing para enseñar a tus clientes cómo escribir tu nombre de dominio.

2. Relevancia de Palabras Clave:

- **Integración de Palabras Clave:** Incorporar palabras clave relevantes en tu nombre de dominio puede mejorar su visibilidad en los resultados de los motores de búsqueda. Identifica las palabras clave principales relacionadas con tu negocio o nicho y considera incorporarlas en tu dominio.
- **Enfoque en Producto o Servicio:** Si el nombre de tu negocio no está disponible como dominio, prioriza palabras clave relacionadas con tus productos o servicios. Por ejemplo, si vendes zapatos, considera opciones de dominio como "zapatosonline.com" o "comprarzapatosonline.com."

3. Explora Extensiones de Dominio:

- **Más Allá de .COM:** Aunque asegurar un dominio .COM suele ser preferido, no descartes extensiones de dominio alternativas como .NET, .ORG, .ME, .SHOES, u otras. Estas extensiones pueden ofrecer oportunidades de marca únicas y pueden estar más fácilmente disponibles que los dominios .COM.
- **Extensiones Específicas de País:** Si tu público objetivo se encuentra principalmente en un país específico, considera el uso de dominios de nivel superior específicos de país (ccTLDs) como .MX para México, .CO para Colombia, o .IN para India. Estas extensiones pueden ayudar a localizar tu sitio web y mejorar la visibilidad en los resultados de búsqueda regionales.

4. **Considera las Implicaciones de SEO:**

- **Relevancia para Motores de Búsqueda:** Los motores de búsqueda consideran los nombres de dominio al determinar la relevancia en los resultados de búsqueda. Si bien las extensiones de dominio juegan un papel, factores como el contenido del sitio web, la optimización de SEO y los vínculos de retroceso (backlinks) son igualmente importantes.
- **Geo-localización:** Las extensiones de dominio específicas de país pueden ser ventajosas para fines de geo-localización. Si tu objetivo es atraer visitantes de una región específica, usar un ccTLDs relevante puede indicar la relevancia de tu sitio web para los buscadores locales.

5. **Evalúa Disponibilidad y Competencia:**

- **Disponibilidad de Dominios:** Realiza una investigación exhaustiva para asegurarte de que tu nombre de dominio deseado esté disponible para el registro. Considera utilizar la herramienta de búsqueda de dominios de DomainCart.com para verificar la disponibilidad y explorar opciones alternativas si tu elección preferida está tomada
- **Análisis de Competencia:** Evalúa la competitividad de los nombres de dominio potenciales investigando sitios web existentes con nombres o palabras clave similares. Evita seleccionar un dominio que se parezca

mucho a la marca establecida de un competidor para evitar confusiones entre los usuarios.

Elegir el nombre de dominio adecuado requiere una cuidadosa consideración de la identidad de la marca, la relevancia de las palabras clave, las extensiones de dominio, las implicaciones de SEO y el análisis de la competencia. Al priorizar estos factores y realizar una investigación exhaustiva, puedes asegurar un nombre de dominio que fortalezca tu presencia en línea y facilite los objetivos de tu negocio.

Además, si tu nombre de dominio no está disponible, puede ser posible comprarlo a un vendedor privado, también debes considerar esto como una opción. La mayoría de los registradores de dominios ofrecen servicios de intermediación para adquirir nombres de dominio que ya están registrados.

CAPÍTULO 2 - FUNDAMENTOS DEL SITIO WEB

Definiendo un Sitio Web y Su Funcionalidad

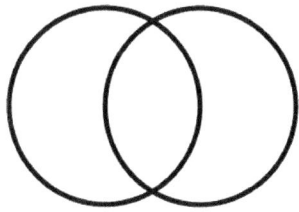

En el panorama digital del siglo XXI, un sitio web se erige como un faro de conectividad, una puerta virtual a través de la cual empresas, organizaciones e individuos pueden alcanzar y conectarse con el mundo. Imagina un sitio web como un mercado bullicioso, lleno de actividad y oportunidades, donde se intercambian ideas, se exhiben productos y se forjan relaciones. En su esencia, un sitio web es más que solo un conjunto de páginas web, es una entidad dinámica que encarna la visión y el propósito de su creador.

Imagina esto: eres un emprendedor en ciernes con una idea revolucionaria, ansioso por compartirla con el mundo. Visualizas tu sitio web como algo más que una tienda en línea, es una manifestación digital de tu pasión y ambición, una plataforma donde puedes interactuar con tu audiencia y mostrar tus ofertas de la mejor manera posible. Desde el diseño elegante de tu página de inicio hasta la navegación fluida de tus páginas de productos, cada aspecto de tu sitio web está cuidadosamente elaborado para cautivar y convencer a tus visitantes.

A medida que te embarcas en tu viaje de construcción de sitios web, te encontrarás con una miríada de opciones y consideraciones. ¿Qué sistema de gestión de contenido usarás para alimentar tu sitio? ¿Cómo diseñarás tu interfaz de usuario para garantizar una experiencia de navegación fluida? ¿Qué funcionalidad incorporarás para mejorar la usabilidad y el compromiso? Estas son solo algunas de las preguntas que deberás responder mientras navegas por el intrincado panorama del desarrollo web. Pero no temas, armado con el conocimiento y las herramientas adecuadas, pronto estarás bien encaminado para crear un sitio web que no solo cumpla, sino que supere tus expectativas más salvajes.

Establecer una presencia en línea se ha vuelto indispensable tanto para individuos como para empresas, facilitando conexiones con su audiencia prevista y fomentando la generación de ingresos. Pero, ¿qué constituye exactamente un sitio web y cómo funciona? En esta sección, exploraremos la esencia de un sitio web y la gama de funcionalidades que aporta a la mesa digital.

En esencia, un sitio web sirve como un centro digital que comprende páginas web interconectadas accesibles a través de internet. Opera como una tienda virtual, dando la bienvenida a los visitantes para explorar una gran cantidad de información, productos y servicios.

El alcance y la complejidad de un sitio web pueden variar significativamente según sus objetivos y las preferencias de su demografía objetivo. Desde sitios estáticos sencillos hasta plataformas dinámicas e interactivas, la diversidad en el diseño y la funcionalidad del sitio web es vasta. Profundicemos en los componentes técnicos fundamentales que sustentan la estructura y el funcionamiento de un sitio web.

Explora la siguiente tabla para aprender los componentes técnicos básicos de un sitio web.

Componentes Técnicos de un Sitio Web

Nombre de Dominio	Esto es la dirección única que los visitantes utilizan para acceder a un sitio web.

Hospedaje/Alojamiento Web	Este es el servicio que permite que tu sitio web se almacene y sea accesible en Internet.
Sistema de Gestión de Contenidos (CMS – Por Sus Siglas en Ingles)	Esta es la plataforma utilizada para crear, editar y gestionar el contenido en tu sitio web. Las opciones populares de CMS incluyen WordPress, Joomla y Drupal, cada una ofreciendo diferentes características y funcionalidades para satisfacer tus necesidades.
Diseño y Distribución	La apariencia visual de tu sitio web juega un papel crucial en atraer y captar la atención de los visitantes. Un diseño profesional y fácil de usar, con una navegación clara y un diseño adaptable, es esencial para ofrecer una experiencia positiva al usuario.
Respuesta Móvil	Con el aumento del uso de teléfonos inteligentes y tabletas, es vital que un sitio web sea sensible al móvil, lo que significa que se adapta a diferentes tamaños de pantalla y dispositivos.

En el mundo de la funcionalidad de los sitios web, donde cada tipo de sitio web cumple un propósito único y ofrece una experiencia distinta a sus visitantes.

Imagina pasear por las bulliciosas calles de internet, donde los sitios web llaman con promesas de conocimiento, productos y conexiones. Mientras navegamos por este paisaje digital, nos encontramos con sitios web de diversos tipos, cada uno diseñado para satisfacer necesidades y deseos específicos.

Primero, adentramos en el reino de los sitios web informativos, donde las empresas exhiben sus ofertas como relucientes escaparates en una bulliciosa avenida. Estos sitios actúan como folletos virtuales o portafolios, proporcionando a los visitantes información esencial sobre productos, servicios y la propia empresa. Con su naturaleza estática, estos sitios ofrecen un vistazo a la esencia de un negocio sin necesidad de actualizaciones frecuentes.

Luego, nos aventuramos en el dinámico mundo de los sitios web de comercio electrónico, donde el aire está cargado de emoción y anticipación. Aquí, los visitantes pueden hojear una variedad de productos y servicios, agregando artículos a sus carritos digitales con solo un clic de un botón. Las pasarelas de pago facilitan sin problemas las transacciones, transformando la navegación virtual en compras y entregas tangibles.

Mientras continuamos nuestra exploración, nos topamos con el vibrante mundo de los blogs, donde las palabras bailan en la pantalla como poesía en movimiento. Los blogs son plataformas para contar historias, compartir conocimientos y construir comunidades, ofreciendo un espacio para que los escritores se expresen y se relacionen con los lectores a través de artículos, historias y publicaciones.

Nuestro viaje toma un giro interactivo mientras nos sumergimos en el reino de los sitios de redes sociales. Aquí, los usuarios se conectan, conversan y colaboran en un ecosistema digital rebosante de texto, imágenes y videos. Desde los círculos sociales de Facebook hasta los temas más populares de Twitter, estos sitios fomentan conexiones y conversaciones que trascienden las fronteras geográficas.

Avanzando, nos encontramos con sitios web basados en membresía, donde contenido y servicios exclusivos esperan detrás de cuerdas virtuales de terciopelo. Los usuarios deben registrarse y crear cuentas para acceder a características premium, desbloqueando un mundo de contenido especializado, servicios o comunidades. A través de tarifas de suscripción, estos sitios ofrecen una fuente de ingresos recurrentes al tiempo que brindan valor a sus miembros.

Finalmente, llegamos a las aulas digitales de los sitios web de aprendizaje en línea, donde el conocimiento es la moneda y la curiosidad es la brújula. Aquí, los usuarios emprenden viajes educativos, navegando por cursos, tutoriales y recursos para adquirir nuevas habilidades e ideas. Los sistemas de gestión del aprendizaje como Moodle y

Canvas sirven como puertas de entrada a un mundo de aprendizaje continuo y crecimiento personal.

En este vasto y diverso paisaje de funcionalidad de sitios web, cada tipo de sitio desempeña un papel vital en la conformación de nuestras experiencias en línea y en el cumplimiento de nuestras necesidades digitales. A medida que continuamos explorando y participando en estos destinos digitales, abracemos las infinitas posibilidades que ofrecen y el poder transformador que poseen.

Déjame compartirte la cautivadora historia de cómo descubrí los principios fundamentales para ganar dinero en línea, transformando mi presencia digital en una fuente lucrativa de ingresos.

En cierto punto de mi vida, me encontré parado en la encrucijada de la oportunidad, ansioso por emprender un viaje hacia el emprendimiento en línea. Con sueños de libertad financiera y realización creativa danzando en mi mente, me dispuse a explorar las innumerables formas de monetizar mi sitio web y convertir mi pasión en ganancias.

A medida que me adentraba más en el laberinto de estrategias de negocios en línea, tropecé con la primera piedra angular de la monetización: la publicidad. A través de plataformas como Google AdSense, descubrí el poder de mostrar anuncios dirigidos en mi sitio web, abriendo la puerta a un flujo constante de ingresos pasivos. Con cada clic e impresión, presencié el potencial de convertir el espacio digital en ingresos.

Pero mi búsqueda de prosperidad en línea no terminó ahí. Con la guía de emprendedores experimentados y expertos digitales, descubrí los secretos del marketing de afiliación. Al forjar alianzas con marcas y promocionar sus productos o servicios en mi sitio, desbloqueé un nuevo ámbito de potencial de ingresos. Con cada venta o referencia generada a través de mis enlaces de afiliados, me deleité con la emoción de ganar una comisión y construir relaciones mutuamente beneficiosas con socios de confianza.

A medida que mi viaje continuaba, me aventuré en el mundo del comercio electrónico, donde transformé mi sitio web en un bullicioso mercado repleto de productos y servicios. Con la ayuda de plataformas de tiendas en línea intuitivas, seleccioné una atractiva gama de ofertas, invitando a los visitantes a navegar, comprar y experimentar las alegrías de las compras en línea de primera mano. Con cada transacción completada, celebré otro paso hacia la independencia financiera y el éxito empresarial.

Pero quizás el capítulo más gratificante de mi viaje se desarrolló cuando abracé el poder del contenido patrocinado. Al asociarme con marcas e influencers, tuve la oportunidad de crear contenido auténtico y atractivo que resonaba con mi audiencia mientras generaba ingresos a través de publicaciones patrocinadas, reseñas y recomendaciones. Con cada colaboración, descubrí el arte de contar historias y el impacto de las conexiones genuinas en la esfera digital.

Y finalmente, al contemplar el horizonte del emprendimiento en línea, me di cuenta del potencial transformador de las suscripciones de membresía. Al ofrecer contenido premium, servicios o funciones a miembros dispuestos a invertir en acceso exclusivo, cultivé una comunidad leal de seguidores y mecenas, cada uno contribuyendo al crecimiento y la sostenibilidad de mi imperio digital.

En esta gran aventura de ganar dinero en línea, descubrí que los fundamentos del éxito no solo radican en las estrategias que empleamos, sino también en la pasión, la creatividad y la perseverancia que dedicamos a nuestros esfuerzos. A medida que sigo navegando por el paisaje siempre cambiante del comercio digital, permanezco firme en mi compromiso con la innovación, la colaboración y la búsqueda incesante de mis sueños.

Una visión general de Alojamiento y Servidores

Elegir el proveedor de alojamiento adecuado y la configuración del servidor es una decisión importante al establecer tu presencia en línea. Con numerosas empresas que ofrecen registro de dominios, alojamiento y servicios de correo electrónico, navegar por este panorama puede resultar abrumador. Veamos los factores clave a considerar al seleccionar un proveedor de alojamiento y comprender la funcionalidad del servidor.

Seleccionando un Registrador de Dominios:

1. **Reputación Establecida:** Opta por un registrador de dominios con una reputación establecida y un historial probado de confiabilidad y seguridad. Asegúrate de que ofrezcan precios competitivos de registro para la extensión de dominio que deseas (.COM, .NET, etc.).
2. **Control del Dominio:** Mantén el control total de tu nombre de dominio registrándolo a través de un registrador de nivel superior. Evita comprar dominios de empresas que solo ofrecen servicios de alojamiento o de entidades desconocidas para prevenir posibles pérdidas o complicaciones en el futuro.
3. **Registrador Recomendado:** Considera registradores de dominios confiables como DomainCart.com, GoDaddy y Network Solutions, reconocidos por su longevidad y servicios de calidad. Aunque existen otras opciones, elegir un registrador de confianza garantiza tranquilidad y soporte confiable.

Factores a considerar al elegir un Alojamiento (Hosting):

1. **Espacio de Almacenamiento:** Evalúa la cantidad de espacio en disco proporcionado por la empresa de alojamiento. Los planes básicos suelen ofrecer 10GB, adecuados para la mayoría de los sitios web. Sin embargo, anticipa el crecimiento futuro y asegura la escalabilidad para adaptarse al aumento de contenido y archivos multimedia.
2. **Asignación de Ancho de Banda:** Busca proveedores de alojamiento que ofrezcan al menos 15GB de transferencia mensual de ancho de banda. Un ancho de banda suficiente evita la caída del sitio web debido a límites de tráfico superados, garantizando accesibilidad sin problemas para los visitantes.
3. **Acceso FTP:** Verifica que tu plan de alojamiento incluya acceso FTP, esencial para cargar y administrar archivos del sitio web. FTP permite una transferencia de archivos eficiente entre tu computadora y el servidor de alojamiento, facilitando el mantenimiento y las actualizaciones del sitio.
4. **Soporte de Lenguajes:** Asegura que tu plan de alojamiento admita los lenguajes HTML y PHP, fundamentales para el desarrollo y la funcionalidad del sitio web. PHP, en particular, es indispensable para aplicaciones web dinámicas y funcionalidades de comercio electrónico.
5. **Servicios de Correo Electrónico:** Evalúa las características del correo electrónico, incluido el número de cuentas proporcionadas y la capacidad de almacenamiento. Asegura el soporte para acceso POP y SMTP,

lo que permite una gestión eficiente del correo electrónico y la compatibilidad con clientes externos como Microsoft Outlook.

6. **Compatibilidad de Bases de Datos:** Si tu sitio web requiere funcionalidad de base de datos, confirma el soporte para bases de datos como MySQL y MSSQL. Las bases de datos son vitales para aplicaciones como plataformas de comercio electrónico y sistemas de gestión de contenido dinámico.
7. **Estructura de Precios:** Si bien el precio es una consideración crucial, prioriza el valor sobre el costo. Opta por planes de alojamiento de nivel medio (de $6.99 a $19.99 por mes), que ofrecen recursos suficientes para el crecimiento y la escalabilidad del sitio web. A menos que estés construyendo una aplicación o un software personalizado donde necesitarás un servidor completo, la mayoría de los planes de alojamiento de nivel medio funcionarán para tu proyecto inicial.

Elegir el proveedor de alojamiento adecuado y la configuración del servidor es fundamental para establecer una presencia en línea sólida. Al seleccionar un registrador de dominios de confianza y evaluar exhaustivamente las características del alojamiento, puedes garantizar un rendimiento óptimo, seguridad y escalabilidad para tu sitio web. Prioriza la confiabilidad, la flexibilidad y la futura adaptabilidad al tomar decisiones de alojamiento, sentando una base sólida para tus esfuerzos digitales.

"¡Escanee el código QR a continuación para explorar la amplia gama de servicios y productos disponibles en domaincart.com!"

Decidiendo entre Desarrollo Web Profesional y Hacerlo Tu Mismo

Si eres un pequeño startup, un negocio en crecimiento o una marca establecida, tu sitio web suele ser el primer punto de contacto para los clientes potenciales. Pero cuando se trata de desarrollar un sitio web, una de las decisiones más importantes que tendrás que tomar es si seguir la ruta del DIY (hazlo tú mismo) o contratar a un desarrollador web profesional. Vamos a explorar los pros y los contras de cada opción para ayudarte a tomar una decisión informada que se alinee con tus objetivos y presupuesto.

¿Estás considerando la ruta del DIY para el desarrollo web? Ya seas un emprendedor novato, un propietario de pequeña empresa o simplemente estés apasionado por crear tu presencia en línea, el desarrollo web DIY ofrece tanto ventajas como desventajas que vale la pena considerar.

Ventajas:

1. **Económico:** Uno de los aspectos más atractivos del desarrollo web DIY es su asequibilidad. Al utilizar constructores de sitios web como WordPress, Wix, Squarespace o el constructor de sitios web de DomainCart.com, puedes crear un sitio web sin gastar mucho dinero. Con opciones que van desde planes gratuitos hasta suscripciones mensuales de bajo costo, las soluciones DIY ofrecen puntos de entrada accesibles para individuos y empresas por igual.

2. **Control creativo total:** Cuando tomas las riendas del desarrollo de tu sitio web, se te otorga una libertad creativa total. Desde seleccionar plantillas y diseñar diseños hasta elaborar contenido, tienes la autonomía para dar forma a cada aspecto de tu sitio. Este nivel de control te permite adaptar tu sitio web para que se alinee perfectamente con la identidad y visión de tu marca.
3. **Oportunidad de aprendizaje:** Embarcarse en un viaje de desarrollo web DIY no se trata solo de construir un sitio web, también es una valiosa experiencia de aprendizaje. A medida que navegas por los constructores de sitios web o profundizas en lenguajes de codificación como HTML, CSS y JavaScript, adquieres nuevas habilidades y conocimientos que pueden resultar invaluables para proyectos y emprendimientos futuros.

Desventajas:

1. **Consumo de tiempo:** Construir un sitio web desde cero requiere una inversión significativa de tiempo y esfuerzo, especialmente para aquellos nuevos en el desarrollo web. Ya sea que estés lidiando con las complejidades de los constructores de sitios web o con la codificación personalizada, la curva de aprendizaje puede ser pronunciada. Espera dedicar horas a dominar herramientas y técnicas antes de lograr los resultados deseados.

2. **Funcionalidad limitada:** Aunque los constructores de sitios web ofrecen conveniencia y facilidad de uso, pueden venir con limitaciones en términos de funcionalidad. Las funciones avanzadas y las personalizaciones a menudo requieren codificación adicional o integración, lo que puede plantear desafíos para los desarrolladores DIY. Sin la experiencia para implementar soluciones complejas, es posible que encuentres que tu sitio web carece de la sofisticación necesaria para impulsar el compromiso y las conversiones.
3. **Falta de soporte técnico:** Cuando surgen problemas técnicos durante el desarrollo web DIY, te quedas para solucionarlos de forma independiente. Sin acceso a equipos de soporte dedicados o asistencia profesional, abordar errores y problemas técnicos puede ser desalentador. A menos que poseas la experiencia necesaria, resolver desafíos técnicos puede resultar consumidor de tiempo y frustrante.

Para aquellos que estén listos para embarcarse en su viaje de desarrollo web DIY, el Constructor de Sitios Web de DomainCart.com ofrece una solución integral. Con interfaces intuitivas de arrastrar y soltar, plantillas personalizables y características robustas, DomainCart.com capacita a los usuarios para dar vida a sus visiones de sitios web con facilidad. Siéntete libre de explorar su sitio web en (https://app.domaincart.com/products/website-builder) y dar el primer paso hacia la construcción de tu presencia en línea según tus propios términos.

Por otro lado, el desarrollo web profesional implica contratar a un desarrollador web o una agencia de desarrollo web con experiencia para construir tu sitio web por ti. Aquí tienes algunos factores a considerar si estás pensando en contratar a un profesional:

Ventajas:

1. **Experiencia y conocimiento:** Los desarrolladores web profesionales tienen el conocimiento y la experiencia para crear sitios web de alta calidad y receptivos que estén optimizados para el rendimiento y la experiencia del usuario.
2. **Personalización y escalabilidad:** Un desarrollador web profesional puede crear un sitio web personalizado adaptado a tus necesidades y objetivos específicos. También pueden garantizar que tu sitio web sea escalable y capaz de crecer con tu negocio.
3. **Soporte técnico y mantenimiento:** Los desarrolladores web profesionales brindan soporte técnico y mantenimiento continuos para asegurarse de que tu sitio web esté actualizado, seguro y funcionando correctamente.

Desventajas:

1. **Costo:** Contratar a un desarrollador web profesional puede ser costoso, especialmente para pequeñas em-

presas o startups con presupuestos limitados. Los precios pueden variar según la complejidad del proyecto y el alcance del trabajo.

2. **Desafíos de comunicación:** Trabajar con un desarrollador web profesional requiere una comunicación clara y una colaboración continua. Malentendidos o retrasos en la comunicación pueden afectar el cronograma del proyecto y los entregables.
3. **Dependencia de terceros:** Cuando contratas a un desarrollador web profesional, estás confiando en sus habilidades y experiencia. Si no están disponibles o no pueden cumplir con sus obligaciones, puede ser difícil encontrar un reemplazo rápidamente.

Elegir entre el desarrollo web DIY y profesional es una decisión que debe basarse en tus necesidades específicas, objetivos y recursos. Si tienes el tiempo, las habilidades y la creatividad para construir un sitio web tú mismo, el desarrollo web DIY puede ser una experiencia gratificante que te permite crear una presencia en línea personalizada. Sin embargo, si priorizas la experiencia, la calidad y el soporte técnico, contratar a un desarrollador web profesional puede ser la mejor opción para ti.

"En última instancia, la clave del éxito radica en conectar con tu audiencia y planificar cuidadosamente tu sitio web, con el enfoque y la mentalidad adecuados."

Seleccionando al Webmaster o Equipo de Desarrollo Adecuado

Un sitio web bien diseñado es la piedra angular de esa presencia en línea, y encontrar al webmaster o equipo de desarrollo adecuado para dar vida a tu visión es esencial. Vamos a repasar algunos de los factores clave a tener en cuenta al seleccionar al webmaster o equipo de desarrollo adecuado para tu sitio web.

Cuando busques un webmaster o equipo de desarrollo, es importante evaluar su experiencia técnica. Asegúrate de que sean competentes en las últimas tecnologías web, lenguajes de programación (como HTML, CSS, PHP, JavaScript) y marcos de trabajo relevantes para tu proyecto. Un webmaster hábil podrá optimizar tu sitio web en cuanto a diseño, velocidad, rendimiento y experiencia del usuario.

Revisar el portafolio del webmaster y/o sus proyectos anteriores es una excelente manera de evaluar su experiencia y capacidades. Busca proyectos similares al tuyo en cuanto a alcance y complejidad. Un webmaster con un portafolio diverso demuestra adaptabilidad y competencia en el manejo de varios tipos de proyectos. Junto con una comunicación efectiva, que es clave para un proyecto exitoso de desarrollo web. El webmaster o equipo de desarrollo debe poder entender claramente tu visión, objetivos y requisitos. Además, deberían proporcionar actualizaciones regulares sobre el progreso del proyecto y ser receptivos a tus comentarios y preguntas.

Asegúrate de que el webmaster o equipo comprenda completamente la optimización para motores de búsqueda (SEO), que es crucial para dirigir tráfico orgánico a tu sitio web. Un webmaster o equipo de desarrollo con conocimientos en SEO debe tener una buena comprensión de las mejores prácticas de SEO y ser capaz de implementarlas a lo largo del proceso de diseño y desarrollo del sitio web.

Aquí tienes algunas preguntas clave que puedes hacerle a un webmaster para evaluar su comprensión de SEO junto con sus posibles respuestas. Dado que el punto de vista o conocimiento de cada persona puede ser diferente, es probable que las respuestas varíen, pero estas están aquí para guiarte.

1. **¿Puedes explicar qué es el SEO (Optimización para Motores de Búsqueda) y por qué es importante para los sitios web?** El SEO es la práctica de optimizar sitios web para mejorar su visibilidad y ranking en las páginas de resultados de los motores de búsqueda (SERPs). Es importante porque ayuda a los sitios web a atraer tráfico orgánico (no pagado), aumentar la visibilidad y llegar a su audiencia objetivo.

2. **¿Cómo abordas la investigación de palabras clave para el contenido del sitio web?** La investigación de palabras clave implica identificar términos y frases de búsqueda relevantes que los usuarios probablemente ingresarán en los motores de búsqueda cuando busquen información relacionada con el contenido de tu sitio web. Herramientas como Google Keyword Planner o SEMrush se pueden utilizar para encontrar palabras clave con alto volumen de búsqueda y baja competencia.
3. **¿Qué factores de SEO en la página consideras al optimizar páginas web?** Los factores de SEO en la página incluyen optimizar meta-etiquetas (etiquetas de título, descripciones meta), usar palabras clave relevantes en encabezados y contenido, optimizar imágenes con texto alternativo descriptivo, asegurar una estructura de URL fácil de usar, y mejorar la velocidad del sitio web y la capacidad de respuesta móvil.
4. **¿Cómo manejas las meta-etiquetas, incluidas las etiquetas de título y las descripciones meta?** Las meta-etiquetas, como las etiquetas de título y las descripciones meta, son cruciales para el SEO. La etiqueta de título debe describir con precisión el contenido de la página web e incluir palabras clave relevantes. Las descripciones meta proporcionan un breve resumen del contenido de la página y pueden influir en las tasas de clics desde los resultados de los motores de búsqueda.

5. **¿Qué estrategias utilizas para crear enlaces hacia un sitio web?** Construir enlaces implica adquirir enlaces de otros sitios web hacia el tuyo. Las estrategias incluyen crear contenido de alta calidad al que otros quieran enlazar, publicar como invitado en sitios web relevantes, contactar a influyentes de la industria para colaboraciones y participar en comunidades en línea y foros.

6. **¿Puedes explicar la importancia de la velocidad del sitio web y la optimización móvil para el SEO?** La velocidad del sitio web y la optimización móvil son importantes para el SEO porque los motores de búsqueda priorizan los sitios web que se cargan rápidamente y son compatibles con dispositivos móviles. Esto mejora la experiencia del usuario y reduce las tasas de rebote, lo que contribuye a un mayor ranking en los SERPs. Optimizar imágenes, usar un diseño receptivo y minimizar el código y los scripts puede ayudar a mejorar la velocidad del sitio web y el rendimiento móvil.

7. **¿Cómo monitoreas y mides el rendimiento de los esfuerzos de SEO?** Monitorear el rendimiento de SEO implica rastrear métricas clave como el tráfico orgánico, los rankings de palabras clave, el perfil de enlaces de retroceso y las métricas de participación del usuario como la tasa de rebote y el tiempo en la página. Herramientas como Google Analytics, Google Search Console y plataformas de SEO de terceros

pueden proporcionar información sobre el rendimiento del sitio web y áreas de mejora.

8. **¿Has tenido alguna vez que lidiar con penalizaciones de SEO y, de ser así, cómo las abordaste?** Las penalizaciones de SEO pueden ocurrir cuando un sitio web viola las directrices de los motores de búsqueda, como el uso de tácticas de SEO no éticas o la participación en prácticas de construcción de enlaces spam. Abordar las penalizaciones implica identificar y eliminar contenido de baja calidad o spam, desautorizar enlaces de retroceso tóxicos y enviar una solicitud de reconsideración al motor de búsqueda.

9. **¿Cuáles son tus opiniones sobre el papel de la calidad y relevancia del contenido en el SEO?** La calidad y relevancia del contenido son cruciales para el SEO porque los motores de búsqueda buscan ofrecer el contenido más relevante y valioso a los usuarios. El contenido de alta calidad que es informativo, bien escrito y relevante para la intención del usuario tiene más probabilidades de clasificar bien en los SERPs y atraer tráfico orgánico.

10. **¿Puedes compartir ejemplos de campañas de SEO exitosas o mejoras que hayas implementado en el pasado?** Las campañas de SEO exitosas implican una combinación de optimización técnica, creación de contenido y construcción estratégica de enlaces. Ejemplos incluyen mejorar la velocidad del sitio web y la capacidad de respuesta móvil, crear contenido completo y autoritario, optimizar etiquetas meta y

elementos en la página, y construir un perfil de enlace de retroceso diversificado de fuentes confiables.

Antes de contratar los servicios de un webmaster o equipo de desarrollo, es crucial tener una discusión abierta sobre tu presupuesto y el plazo para el proyecto. Obtén una comprensión completa de los costos asociados y el cronograma proyectado para la finalización del proyecto. Ten en cuenta que confiar tu proyecto a un webmaster o equipo de desarrollo habilidoso es una inversión directa en el éxito a largo plazo de tu empresa en línea. Además, es imperativo reconocer que un sitio web no es un esfuerzo único; más bien, requiere soporte y mantenimiento continuos para mantener su funcionalidad óptima. Por lo tanto, es recomendable participar en conversaciones sobre el soporte posterior al lanzamiento y el mantenimiento continuo con el webmaster o equipo de desarrollo seleccionado. Considerar la opción de firmar un contrato de mantenimiento puede brindar la seguridad de que tu sitio web recibirá actualizaciones consistentes y medidas de seguridad, asegurando su rendimiento y resistencia sostenidos. No dudes en pedir referencias o leer reseñas de clientes anteriores. Conocer las experiencias de otros clientes puede darte información valiosa sobre la ética de trabajo del webmaster, su profesionalismo y la calidad de su trabajo.

Seleccionar el webmaster o equipo de desarrollo adecuado no es una tarea difícil, sino un paso importante en la creación de una presencia en línea exitosa para tu negocio. Al considerar factores como la experiencia técnica, el portafolio, las habilidades de comunicación, el conocimiento de SEO, el presupuesto, el cronograma, el soporte y el mantenimiento, puedes asegurarte de que tu sitio web esté en manos capaces. Recuerda, un sitio web bien diseñado no es solo una tienda digital, sino una herramienta poderosa que puede ayudarte a alcanzar tus objetivos comerciales y ganar dinero en línea. Con el webmaster o equipo de desarrollo adecuado a tu lado, las posibilidades son infinitas.

Elige sabiamente tu webmaster o equipo de desarrollo, y observa cómo prospera tu presencia en línea. No dudes en comunicarte conmigo y con mi equipo en cualquier momento a través de AndreeOchoa.com. ¡Estamos aquí para ayudarte!

CAPÍTULO 3 - ANÁLISIS DE AUDIENCIA

Identifique su público objetivo

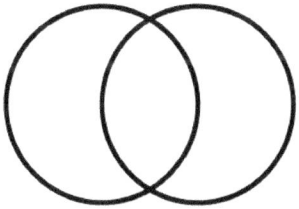

Identificar a tu público objetivo para un sitio web puede ser una tarea que consume mucho tiempo y técnica. No solo implica definir los datos demográficos y psicográficos de tu audiencia, sino también comprender sus comportamientos, preferencias y puntos de dolor. Además, crear personas de usuario basadas en esta investigación puede proporcionar información valiosa sobre las necesidades y deseos de tu público objetivo, guiando el diseño de experiencias de usuario y la implementación de estrategias de marketing que resuenen con tus usuarios previstos. Aquí hay varios pasos para identificar eficazmente a tu público objetivo:

1. **Define el propósito de tu sitio web:** Como expliqué en capítulos anteriores de este libro. Comienza clarificando el objetivo principal de tu sitio web. Determina si es informativo, transaccional (comercio electrónico), educativo, centrado en el entretenimiento o si sirve para otro propósito. Comprender los objetivos de tu sitio web ayudará a dar forma al perfil de tu público objetivo. No es que no puedas cambiarlo más tarde, pero es mejor si comienzas con el enfoque correcto.
2. **Realiza una investigación de mercado:** Lleva a cabo una investigación de mercado exhaustiva para obtener información sobre tu industria, competidores y posibles datos demográficos de la audiencia. Utiliza encuestas en línea, entrevistas, grupos focales y análisis de redes sociales para recopilar datos valiosos.
3. **Crea personas de usuario (User Personas):** Desarrolla personas de usuario detalladas que representen a tus clientes ideales. Considera factores demográficos como edad, género, ubicación, nivel de ingresos, ocupación, educación y estado civil. Además, explora atributos psicográficos como intereses, pasatiempos, valores, estilo de vida, actitudes y puntos de dolor.
4. **Analiza a los clientes existentes:** Analiza los datos de tu base de clientes existente, si es aplicable. Identifica características comunes, preferencias, comporta-

mientos y patrones de compra entre tus clientes actuales. Esta información puede proporcionar valiosos conocimientos sobre tu público objetivo.

5. **Identifica puntos de dolor y necesidades:** Comprende los puntos de dolor, desafíos y necesidades de tu público objetivo dentro de tu nicho. Determina cómo tus productos, servicios o contenido pueden abordar estos puntos de dolor y proporcionar soluciones.
6. **Considera la intención del usuario:** Considera la intención detrás de las interacciones de los usuarios con tu sitio web. Determina si los visitantes están buscando información, desean hacer una compra, buscan entretenimiento o interactúan con tu contenido por otras razones. Adapta el contenido y las características de tu sitio web para alinearte con la intención del usuario.
7. **Evalúa palabras clave y tendencias de búsqueda:** Analiza palabras clave relevantes y tendencias de búsqueda relacionadas con tu industria y nicho. Utiliza herramientas como Google Keyword Planner, SEMrush o Ahrefs para identificar términos de búsqueda y temas populares dentro de los intereses de tu público objetivo.
8. **Monitorea la interacción en redes sociales:** Monitorea las plataformas de redes sociales para observar conversaciones, tendencias y discusiones relevantes para tu industria. Presta atención a métricas de interacción, comentarios e interacciones con contenido relacionado con tu nicho.

9. **Prueba e itera:** Prueba e itera continuamente el contenido, las características y las estrategias de marketing de tu sitio web basado en los comentarios de los usuarios y los datos analíticos. Utiliza pruebas A/B, mapas de calor y herramientas de análisis del comportamiento del usuario para optimizar las experiencias del usuario y las conversiones.
10. **Mantente flexible:** Mantén los perfiles de tu público objetivo flexibles y adaptables a los cambios en la dinámica del mercado, las preferencias de los consumidores y las tendencias de la industria. Revisa y actualiza regularmente las personas de tu audiencia para asegurarte de que sigan siendo relevantes y precisas.

Si sigues estos pasos e inviertes tiempo en comprender a tu público objetivo, puedes crear un sitio web que efectivamente comprometa y resuene con tus usuarios previstos, impulsando el éxito y logrando tus objetivos comerciales.

Realización de la investigación de audiencia, conoce lo que tus usuarios quieren

Realizar una investigación de audiencia es un aspecto fundamental para construir un sitio web exitoso. Tu sitio web existe para servir a tu audiencia, ya sean clientes potenciales, clientes actuales o simplemente visitantes que buscan información o entretenimiento. Al obtener información sobre sus preferencias, necesidades y comportamientos, puedes personalizar tu sitio web para satisfacer sus expectativas y fomentar el compromiso. En esta sección, exploraremos varios métodos para realizar investigaciones de audiencia y cómo aprovechar los conocimientos adquiridos para optimizar tu sitio web.

Comprender a tu audiencia es crucial por varias razones. Al conocer los temas, formatos y estilos que resuenan con tu audiencia, puedes crear contenido que sea más probable que capture su interés y los mantenga comprometidos. La investigación de audiencia te ayuda a identificar puntos de dolor, preferencias y expectativas, lo que te permite optimizar el diseño, la navegación y la funcionalidad de tu sitio web para proporcionar una experiencia de usuario fluida y mejorada.

Comprender a tu audiencia también te permite personalizar tus mensajes de marketing, canales y estrategias para lograr un alcance más específico y tasas de conversión mejoradas. A través de una investigación de audiencia exhaustiva, puedes descubrir conocimientos valiosos que te distingan de la competencia, permitiéndote ofrecer propuestas de valor únicas y abordar mejor las necesidades de tu mercado objetivo.

Existen numerosos métodos para realizar investigaciones de audiencia, cada uno de los cuales ofrece ventajas e información únicas. Vamos a repasar los cinco enfoques principales y efectivos que he utilizado en el pasado.

1. **Encuestas y cuestionarios:** Las encuestas te permiten recopilar datos estructurados de un gran número de encuestados de manera rápida y eficiente. Puedes utilizar herramientas de encuestas en línea para crear encuestas personalizadas y distribuirlas por correo electrónico, redes sociales o tu sitio web. Asegúrate de hacer una mezcla de preguntas cerradas y abiertas para recopilar tanto información cuantitativa como cualitativa.
2. **Entrevistas y grupos focales:** Las entrevistas en profundidad y los grupos focales brindan la oportunidad de tener discusiones más matizadas y detalladas con tu audiencia objetivo. Estos métodos te permiten profundizar en sus pensamientos, preferencias y motivaciones, descubriendo información valiosa que puede no surgir solo en encuestas. Realizar entrevistas y grupos focales puede consumir tiempo y recursos, pero puede proporcionar datos cualitativos ricos.
3. **Análisis de analíticas web:** Analizar los datos de las analíticas web proporciona información valiosa sobre el comportamiento, las preferencias y los datos demográficos de tu audiencia. Herramientas como Google Analytics rastrean métricas como el tráfico del sitio web, la tasa de rebote, el tiempo en la página y las tasas de conversión, lo que te permite entender cómo los usuarios interactúan con tu sitio. Segmentando tu audiencia en función de factores como la edad, el gé-

nero, la ubicación y los intereses, puedes obtener una mejor comprensión de quiénes son tus visitantes y qué están buscando.

4. **Monitoreo de redes sociales:** Las plataformas de redes sociales son fuentes ricas de información sobre la audiencia, ya que los usuarios a menudo comparten sus pensamientos, opiniones y preferencias públicamente. Al monitorear las conversaciones en redes sociales relacionadas con tu industria, marca o productos, puedes descubrir tendencias, sentimientos y puntos de dolor comunes entre tu audiencia. Las herramientas de escucha social como Hootsuite, Sprout Social y Brandwatch pueden ayudarte a rastrear menciones, hashtags y palabras clave en múltiples plataformas de redes sociales.

5. **Análisis de la competencia:** Analizar los sitios web, el contenido y las estrategias de marketing de tus competidores puede proporcionar datos de referencia valiosos e información sobre lo que resuena con su audiencia compartida. Busca brechas, oportunidades y áreas donde puedas diferenciarte ofreciendo propuestas de valor únicas o abordando necesidades no satisfechas.

Una vez que hayas recopilado información sobre tu audiencia a través de varios métodos de investigación, es esencial traducir esos hallazgos en mejoras accionables para tu sitio web.

Usa la investigación de audiencia para informar tu estrategia de contenido, incluyendo la selección de temas, formatos de contenido, tono de voz y mensajes. Crea contenido que aborde los intereses, puntos de dolor y preguntas frecuentes de tu audiencia, posicionando tu sitio web como un recurso valioso en tu nicho.

También aplica los conocimientos sobre la audiencia para optimizar la experiencia del usuario en tu sitio web, incluyendo la navegación, el diseño y la funcionalidad. No olvides utilizar mapas de calor, pruebas de usuario y herramientas de retroalimentación para identificar áreas de mejora y tomar decisiones basadas en datos para mejorar la usabilidad y el compromiso.

Para este punto, reconoces la importancia de personalizar el contenido, las ofertas y las recomendaciones de tu sitio web para alinearlas con las preferencias, comportamientos y datos demográficos de los usuarios. Por lo tanto, incorporar características de personalización como bloques de contenido dinámico, productos recomendados y mensajes personalizados es una estrategia clave para mejorar la relevancia y la experiencia individualizada para cada visitante.

Usa estos datos de audiencia para informar tu estrategia de SEO y palabras clave, identificando los temas, palabras clave y consultas de búsqueda que más interesan a tu audiencia. Optimiza el contenido de tu sitio web, las metaetiquetas y la estructura de enlaces internos para mejorar la visibilidad y atraer tráfico orgánico desde los motores de búsqueda.

Además, aplica los conocimientos sobre la audiencia para optimizar el embudo de conversión de tu sitio web, identificando barreras para la conversión y oportunidades de mejora. Prueba diferentes llamados a la acción, diseños de páginas de destino y procesos de pago para maximizar las conversiones y aumentar los ingresos.

Realizar investigaciones de audiencia es un proceso continuo que requiere esfuerzo y atención constantes. Ya sea que estés lanzando un nuevo sitio web u optimizando uno existente, invertir en la investigación de audiencia es esencial para el éxito a largo plazo.

Creando Personas de Usuario (User Personas)

Las personas de usuario son representaciones ficticias de los segmentos de tu audiencia objetivo, basadas en datos reales e información recopilada a través de la investigación de audiencia. Crear personas de usuario te permite empatizar con tu audiencia, comprender sus objetivos, motivaciones y puntos de dolor, y adaptar tu sitio web para satisfacer sus necesidades específicas.

Veamos el proceso de creación de personas de usuario y cómo pueden informar el diseño de tu sitio web, la estrategia de contenido y los esfuerzos de marketing.

Suponiendo que hayas recopilado información sobre tu audiencia a través de diversos métodos de investigación, como se discutió en la sección anterior. Analiza datos de encuestas, entrevistas, analíticas de sitios web, monitoreo de redes sociales y análisis de competidores para identificar patrones comunes, preferencias y comportamientos entre los segmentos de tu audiencia objetivo.

Una vez que hayas recopilado suficiente información, agrupa a tu audiencia en segmentos distintos en función de factores como datos demográficos, psicográficos, comportamiento y otras necesidades para facilitar la identificación de tus segmentos de audiencia. Los criterios de segmentación comunes incluyen edad, género, ubicación, nivel de ingresos, rol laboral, intereses, preferencias y puntos de dolor. Cada segmento representa un subconjunto único de tu audiencia con características y necesidades específicas.

Con tus segmentos de audiencia identificados, puedes comenzar a crear personas de usuario que representen a cada segmento en detalle. Las personas de usuario típicamente incluyen los siguientes componentes:

- **Nombre:** Dale a cada persona un nombre descriptivo para humanizarlas y hacerlas más identificables.
- **Datos demográficos:** Incluye detalles como edad, género, ubicación, estado civil, nivel educativo y ocupación.
- **Antecedentes:** Proporciona información sobre su trayectoria personal y profesional, incluyendo sus objetivos, desafíos, intereses y valores.
- **Metas y motivaciones:** Identifica las metas principales, aspiraciones y motivaciones que impulsan el comportamiento y la toma de decisiones de cada persona.
- **Puntos de dolor y desafíos:** Describe los obstáculos comunes, frustraciones y desafíos que enfrenta cada persona para alcanzar sus objetivos.
- **Comportamiento y preferencias:** Detalla cómo se comporta cada persona en línea, sus canales preferidos, dispositivos y hábitos de consumo de contenido.
- **Citas e ideas:** Incluye citas directas o ideas recopiladas de entrevistas o encuestas para capturar la voz y la perspectiva de la persona.

Para hacer que las personas de usuario sean más impactantes, considera agregar elementos visuales como fotos o ilustraciones para representar visualmente a cada persona. Esto ayuda a los interesados a visualizar y empatizar con las personas, fomentando una comprensión más profunda de sus necesidades y preferencias. Además, considera crear escenarios narrativos o historias de usuario que ilustren cómo interactúa cada persona con tu sitio web y los desafíos que encuentran en el camino.

Una vez que hayas creado las personas de usuario, úsalas como punto de referencia para informar diversos aspectos del diseño de tu sitio web, la estrategia de contenido y los esfuerzos de marketing. Por ejemplo:

- **Diseño del sitio web:** Adapta el diseño, la navegación y la funcionalidad de tu sitio web para alinearlo con las preferencias y comportamientos de tus personas objetivo. Considera cómo interactuaría cada persona con tu sitio y prioriza las características y el contenido que satisfagan sus necesidades específicas.
- **Estrategia de contenido:** Desarrolla contenido que resuene con tus personas, abordando sus objetivos, intereses y puntos de dolor. Utiliza el lenguaje, tono y mensajes que atraigan a cada persona y brinden valor a sus necesidades únicas.
- **Marketing y Mensajes:** Personaliza tus mensajes de marketing, canales y campañas para dirigirte eficazmente a cada persona. Crea campañas personalizadas que hablen directamente a las motivaciones y aspiraciones de tus personas, aumentando el compromiso y las conversiones.

Crear personas de usuario es un ejercicio valioso que te ayuda a comprender a tu audiencia a un nivel personal y adaptar tu sitio web para satisfacer sus necesidades específicas. Al empatizar con tus personas y alinear tu diseño de sitio web, estrategia de contenido y esfuerzos de marketing en consecuencia, puedes crear una experiencia más atractiva y relevante para tu audiencia objetivo, lo que impulsa el éxito y la satisfacción tanto para los usuarios como para tu negocio.

Adaptando el Diseño y el Contenido a tu Audiencia

Una vez que hayas creado detalladas personas de usuario y obtenido un profundo entendimiento de tu audiencia, el siguiente paso es adaptar el diseño y contenido de tu sitio web para satisfacer sus necesidades específicas, ofreciendo una experiencia centrada en el usuario, preferencias y expectativas. En esta sección, exploraremos las estrategias que utilizo para crear una experiencia centrada en el usuario al alinear el diseño y contenido de tu sitio web con las características y objetivos de tu audiencia objetivo.

El diseño de la experiencia de usuario (UX) se centra en crear interacciones intuitivas, eficientes y agradables entre los usuarios y tu sitio web. Considera los siguientes principios al diseñar la UX de tu sitio web:

- **Simplicidad:** Mantén el diseño de tu sitio web limpio, sin desorden y fácil de navegar. Evita abrumar a los usuarios con exceso de elementos visuales o diseños complicados.

- **Accesibilidad:** Asegúrate de que tu sitio web sea accesible para usuarios de todas las habilidades, incluidos aquellos con discapacidades. Proporciona texto alternativo para las imágenes, utiliza encabezados y etiquetas descriptivas y diseña teniendo en cuenta el contraste de colores.
- **Adaptabilidad móvil:** Dado el creciente uso de dispositivos móviles para navegar por Internet, asegurar la adaptabilidad móvil es fundamental en el diseño de tu sitio web. Adapta el diseño y las funciones de tu sitio para que se ajusten sin problemas a diferentes tamaños de pantalla y resoluciones. Sin embargo, es esencial reconocer que esto puede no aplicarse universalmente. Mantén un seguimiento constante con tus análisis para discernir qué dispositivos están utilizando los usuarios para acceder a tu sitio y desarrolla adaptaciones según tus necesidades específicas.
- **Consistencia:** Mantén la coherencia en todo tu sitio web en términos de elementos de diseño, menús de navegación e identidad corporativa. Utiliza patrones y convenciones familiares para que sea fácil para los usuarios navegar y comprender tu sitio web.

Además de la experiencia de usuario (UX) de tu sitio web, la personalización implica ofrecer contenido y experiencias adaptadas a usuarios individuales según sus preferencias, comportamiento e información demográfica. Aprovecha los datos de los usuarios y la segmentación para personalizar los siguientes aspectos del contenido de tu sitio web:

- **Recomendaciones:** Recomienda productos, servicios o contenido relevante basado en el comportamiento pasado, intereses o preferencias de los usuarios. Utiliza algoritmos para sugerir artículos o contenido relacionado que los usuarios probablemente encuentren valioso.
- **Contenido Dinámico:** Muestra bloques de contenido dinámico que se adaptan según la ubicación del usuario, su historial de navegación o etapa en el recorrido del cliente. Por ejemplo, muestra mensajes diferentes a visitantes por primera vez en comparación con clientes recurrentes.
- **Mensajes Personalizados:** Elabora mensajes personalizados y llamados a la acción (CTAs) que resuenen con cada persona de usuario. Utiliza un lenguaje, tono e imágenes que hablen directamente sobre sus objetivos, motivaciones y puntos de dolor.

Incorpora la retroalimentación de los usuarios para refinar el diseño y contenido de tu sitio web y así satisfacer mejor las necesidades de tu audiencia. Anima a los usuarios a proporcionar comentarios a través de encuestas, sondeos, formularios de retroalimentación o elementos interactivos en tu sitio web. Utiliza estos comentarios para identificar áreas de mejora y realizar cambios iterativos para mejorar la experiencia del usuario.

Siempre puedes realizar pruebas A/B y optimizar en consecuencia. Las pruebas A/B implican comparar dos versiones de una página web o elemento para determinar cuál funciona mejor en términos de participación del usuario, conversiones u otras métricas clave. Utiliza las pruebas A/B para experimentar con diferentes elementos de diseño, diseños o variaciones de contenido y mide el impacto en el comportamiento del usuario. Optimiza continuamente tu sitio web basándote en los conocimientos adquiridos de las pruebas A/B para maximizar su efectividad.

Adaptar el diseño y contenido de tu sitio web a tu audiencia es esencial para crear una experiencia centrada en el usuario que resuene con tus usuarios objetivo. Al comprender sus preferencias, comportamientos y necesidades a través de detalladas personas de usuario, puedes diseñar un sitio web que cumpla con sus expectativas, fomente la participación y, en última instancia, conduzca a una mayor satisfacción y éxito tanto para los usuarios como para tu negocio.

Dependiendo del nicho de tu negocio, tu estrategia de personalización puede variar de muchas maneras, así que mantén siempre una mente abierta al respecto.

CAPÍTULO 4 - ESTRATEGIA DE CONTENIDO

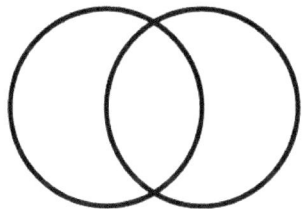

Crear una estrategia de contenido efectiva es fundamental en el panorama digital actual, donde la relevancia y el compromiso reinan supremos. En esta exploración de la estrategia de contenido, nos sumergimos en el viaje de Emily, una emprendedora digital que navega por las complejidades de la visibilidad en línea y la creación de contenido. A través de sus experiencias, descubriremos componentes críticos de la creación de contenido. Unámonos mientras desentrañamos la historia de Emily y obtenemos ideas sobre el arte y la ciencia de la estrategia de contenido.

Una historia de protección y cumplimiento

En el mundo de la creación de contenido en línea, vivía una diligente creadora de contenido llamada Emily. Emily estaba apasionada por crear artículos bien escritos y atractivos que resonaran con su audiencia. Siempre revisaba la ortografía y la gramática, creaba videos cautivadores y visuales impresionantes para compartir con sus usuarios. Sin embargo, en medio de sus esfuerzos creativos, Emily entendía la importancia de proteger su propiedad intelectual y navegar por las complejidades de la ley de derechos de autor.

Al embarcarse en su viaje de creación de contenido, Emily se sumergió en el mundo de los conceptos básicos de los derechos de autor. Con un ojo agudo para el detalle, aprendió que en el momento en que sus ideas tomaban forma, ya sea a través de prosa escrita o imágenes digitales, estaban imbuidas con el manto protector del derecho de autor. Armada con este conocimiento, Emily se sintió empoderada para afirmar sus derechos de propiedad sobre sus obras originales.

Sin embargo, Emily también reconocía el valor de la colaboración y la distribución, así como la necesidad de respetar los derechos creativos de los demás. Al obtener contenido de terceros para sus proyectos, procedía con cautela, asegurándose de obtener las licencias y permisos adecuados. A través de plataformas de medios de stock libres de regalías y repositorios de Creative Commons, Emily descubrió un tesoro de recursos que enriquecieron su contenido sin infringir los derechos de los demás.

En su búsqueda por proteger sus propias creaciones, Emily adornó sus activos digitales con avisos de derechos de autor, señalando al mundo que sus obras no debían ser menospreciadas. Estableció términos de uso claros y acuerdos de licencia, forjando un escudo contra la reproducción o distribución no autorizada. Con la ayuda de herramientas de gestión de derechos digitales, Emily fortificó su contenido contra posibles piratas, disuadiendo la copia o alteración ilícitas.

A pesar de su vigilancia, Emily permaneció alerta, manteniendo un ojo vigilante en el vasto panorama digital. A través de monitoreo diligente y esfuerzos de aplicación, abordó rápidamente cualquier instancia de infracción, empuñando la espada de la justicia para defender su reino de contenido. Con cada aviso de eliminación enviado y remedio legal buscado, Emily se mantuvo firme en su compromiso de preservar la integridad de sus creaciones.

A lo largo de su viaje, Emily comprendió que el camino hacia el cumplimiento de los derechos de autor del contenido estaba en constante evolución. Permaneció firme en su búsqueda de conocimiento, manteniéndose informada sobre los desarrollos legales y buscando consejo de expertos legales experimentados. Con cada desafío superado y lección aprendida, Emily emergió más fuerte, su fortaleza de contenido fortificada contra las tormentas de la incertidumbre.

La dedicación de Emily a proteger sus derechos de autor de contenido y navegar por cuestiones legales rindió generosos frutos. Su audiencia confiaba en ella como un faro de integridad en el reino digital, atraída por la autenticidad y calidad de sus creaciones. Con su reino de contenido seguro y su espíritu creativo sin trabas, Emily continuó inspirando y cautivando audiencias de todas partes, dejando una marca indeleble en el vasto lienzo de internet.

Elaboración de llamados a la acción (CTA - Call-to-Actions) convincentes

Innumerables voces claman por atención en línea, y existe una herramienta poderosa capaz de guiar a los usuarios hacia acciones deseadas: la Llamada a la Acción (CTA, por sus siglas en inglés). Emily, quien es una creadora de contenido experimentada, entiende la importancia de crear CTAs convincentes para involucrar y motivar a su audiencia.

Al embarcarse en su viaje de creación de contenido, Emily se dio cuenta de que una CTA bien elaborada podría marcar la diferencia entre espectadores pasivos y participantes activos. Con esta percepción, Emily se propuso dominar el arte de la persuasión a través de mensajes estratégicos y estímulos atractivos.

Emily comenzó su búsqueda adentrándose en la psicología detrás de las CTAs efectivas. Comprendió que los humanos están inherentemente impulsados por el deseo de gratificación y el miedo a perderse algo. Armada con este conocimiento, Emily adaptó sus CTAs para apelar a las emociones y aspiraciones de su audiencia, aprovechando el poder de la anticipación y la urgencia.

Emily sabía que la claridad y la simplicidad eran primordiales al elaborar CTAs. Evitaba la ambigüedad y el argot, optando en su lugar por un lenguaje conciso y orientado a la acción que no dejaba lugar para la confusión. Ya sea "¡Regístrate Ahora!" o "¡Compra Ahora!", las CTAs de Emily no dejaban dudas sobre la acción deseada.

Para incentivar aún más a su audiencia, Emily se aseguraba de resaltar los beneficios de tomar acción. Ya fuera la promesa de descuentos exclusivos, información valiosa o recursos gratuitos, las CTAs de Emily enfatizaban la propuesta de valor, incitando a los usuarios a actuar en su propio interés.

Una de las tácticas más potentes de Emily era infundir un sentido de urgencia en sus CTAs. Al emplear frases como "Oferta por Tiempo Limitado" o "¡Actúa Ahora!", Emily animaba a su audiencia a aprovechar el momento, sabiendo que la procrastinación podría significar perder una oportunidad valiosa.

Emily entendía que no todas las CTAs se creaban iguales. Ella adaptaba sus llamadas a la acción para alinearse con la experiencia del usuario, ya sea que estuvieran en la etapa de conciencia, consideración o decisión. Al ofrecer CTAs relevantes en cada punto de contacto, Emily aseguraba una experiencia de usuario fluida e intuitiva.

Pero el viaje de Emily no terminaba con la creación de CTAs convincentes. Ella sabía que la prueba continua y la iteración eran esenciales para la optimización. Al experimentar con diferentes mensajes, diseños y ubicaciones, Emily obtenía conocimientos valiosos sobre lo que resonaba más con su audiencia, refinando sus CTAs para lograr el máximo impacto.

Finalmente, Emily seguía de cerca el rendimiento de sus CTAs, monitoreando métricas como tasas de clics, tasas de conversión y niveles de participación. Armada con estos datos, Emily podía evaluar la efectividad de sus CTAs y tomar decisiones informadas para optimizar aún más su estrategia de contenido.

El dominio de Emily en la creación de CTAs convincentes transformó su contenido de mera información a invitaciones irresistibles. Con cada indicación bien ubicada, Emily guiaba a su audiencia hacia acciones significativas, impulsando el compromiso, las conversiones y, en última instancia, el éxito.

Estrategias de generación de leads

A medida que Emily continúa su viaje navegando por el panorama digital, eventualmente se convierte en una experta en marketing digital que comprende que la vida de cualquier negocio radica en su capacidad para generar clientes potenciales. Ahora emplea una variedad diversa de estrategias para cautivar a su audiencia y cultivar relaciones valiosas.

En el centro del enfoque de Emily para la generación de leads yace una comprensión profunda de su esencia. Reconoce que la generación de leads no se trata simplemente de acumular contactos, sino de fomentar conexiones genuinas con personas que han expresado interés en su marca u ofertas.

Emily comienza su viaje de generación de leads creando ofertas de contenido convincentes diseñadas para atraer e involucrar a su audiencia objetivo. Ya sea un e-book perspicaz, un seminario web informativo o un descuento exclusivo, el contenido de Emily proporciona un valor tangible a sus prospectos, incitándolos a dar el próximo paso.

Para mejorar el rendimiento de sus ofertas de contenido, Emily optimiza diligentemente sus páginas de destino para la conversión. Se asegura de que cada página de destino sea visualmente cautivadora, fácil de navegar y esté provista de CTAs convincentes. Al eliminar distracciones como ventanas emergentes excesivas o enlaces irrelevantes y guiar a los visitantes hacia la acción deseada, como descargar un e-book gratuito o suscribirse a un boletín informativo, Emily aumenta significativamente las posibilidades de captura de leads.

Además, Emily reconoce el inmenso potencial de las plataformas de redes sociales, las aprovecha como herramientas poderosas para la generación de leads y comparte regularmente sus ofertas de contenido en diversos canales sociales, involucrando a su audiencia y animándolos a interactuar, compartir y, en última instancia, convertirse en leads.

El marketing por correo electrónico sigue siendo un pilar de la estrategia de generación de leads de Emily. Armada con una lista de correo electrónico sólida adquirida a través de sus ofertas de contenido, Emily crea campañas de correo electrónico personalizadas y relevantes adaptadas a las necesidades e intereses de sus suscriptores. Al entregar contenido valioso directamente en sus bandejas de entrada, Emily nutre a sus leads y los guía a través del embudo de ventas. Ella comprende el atractivo de promociones exclusivas e incentivos para impulsar la generación de leads. Ya sea un descuento por tiempo limitado, un obsequio especial o un pase de acceso VIP, Emily utiliza estos incentivos para incitar a los prospectos a tomar acción y proporcionar su información de contacto.

Para ampliar aún más su alcance y credibilidad, Emily participa activamente en actividades de liderazgo intelectual y oportunidades de publicación como invitada. Al compartir su experiencia y conocimientos sobre temas relacionados con la industria, Emily se establece como una autoridad de confianza dentro de su nicho, atrayendo leads calificados que se identifican con su mensaje.

A lo largo de sus esfuerzos de generación de leads, Emily permanece vigilante en el análisis de datos e itera sus estrategias basándose en las percepciones obtenidas de métricas y análisis. Al monitorear indicadores clave de rendimiento como tasas de conversión, calidad de leads y costo de adquisición de clientes, Emily continúa refinando su enfoque para lograr resultados óptimos.

En última instancia, las estrategias de generación de leads de Emily no se tratan solo de adquirir leads, sino de cultivar relaciones e impulsar un crecimiento sostenible para su negocio. Al entregar valor, fomentar la participación y priorizar las necesidades de su audiencia, Emily establece la base para el éxito a largo plazo.

Mantener una estrategia de contenido única y atractiva

A medida que avanza el viaje de Emily, ella comprende la importancia de mantener una estrategia de contenido única y atractiva para mantener cautiva a su audiencia y posicionar su marca en la mente de los usuarios. En esta sección final de nuestro capítulo, profundizamos en el enfoque de Emily para mantener el impulso y fomentar la participación continua a través de su estrategia de contenido.

La estrategia de contenido de Emily requiere un compromiso constante con la creatividad y la innovación. Ella entiende que, en un paisaje digital abarrotado, destacar requiere atreverse a ser diferente. Emily constantemente empuja los límites de las normas de marketing convencionales, experimentando con nuevos formatos, técnicas de narración y elementos interactivos para capturar la imaginación de su audiencia.

Si bien Emily abraza la innovación, también reconoce la importancia de mantenerse fiel a los valores y la voz de su marca. La consistencia en el mensaje y el tono refuerza la identidad de la marca y fomenta la confianza y la familiaridad entre su audiencia. El contenido de Emily refleja la personalidad única de su marca, resonando auténticamente con su demografía objetivo, mientras ella se mantiene atenta a las tendencias y preferencias en evolución. Emily también continúa monitoreando los cambios en el comportamiento del consumidor, las tecnologías emergentes y los algoritmos de las plataformas, ajustando su estrategia de contenido en consecuencia. Al estar un paso adelante, Emily asegura que su contenido permanezca relevante e impactante en un paisaje siempre cambiante.

Ella comprende que las estrategias de contenido exitosas van más allá de la mera diseminación de información, ellas fomentan la comunidad y la conversación. Emily interactúa activamente con su audiencia en varios canales, respondiendo a comentarios, solicitando retroalimentación y facilitando discusiones en torno a su contenido. Al nutrir un sentido de pertenencia e inclusión, Emily cultiva una comunidad leal y comprometida alrededor de su marca.

Como con todos los aspectos de sus esfuerzos de marketing, Emily aborda su estrategia de contenido con una mentalidad de mejora continua. Evalúa rutinariamente el rendimiento de su contenido, aprovechando análisis y retroalimentación para identificar áreas de mejora. Ya sea refinando mensajes, optimizando canales de distribución o experimentando con nuevos formatos, Emily está comprometida con perfeccionar su estrategia de contenido para lograr un mayor impacto y resonancia. Reconociendo la necesidad continua de mejorar el contenido, Emily colabora con un equipo de colegas ubicados en el extranjero y ocasionalmente les delega tareas de creación de contenido.

En medio del ajetreo continuo del marketing digital, Emily se toma el tiempo para celebrar hitos y logros en el camino. Ya sea alcanzando un hito significativo de seguidores, obteniendo reconocimiento generalizado por un destacado contenido, o logrando un notable aumento en la participación, Emily reconoce y aprecia los éxitos que alimentan su motivación y determinación.

Al concluir otro capítulo en su viaje de marketing digital, Emily permanece firme en su compromiso de mantener una estrategia de contenido única y atractiva. Al abrazar la creatividad, mantenerse fiel a su marca, adaptarse al cambio, fomentar la comunidad y esforzarse continuamente por mejorar, Emily establece el escenario para un crecimiento y un impacto sostenidos en el mundo dinámico del marketing digital.

Con cada pieza de contenido que crea, Emily deja una impresión duradera en su audiencia, forjando conexiones exitosas y significativas que perduran más allá del ámbito digital.

"Recuerda, ya sea a través de la narración de historias como en este capítulo u otros medios, el poder del contenido radica en su capacidad para conectar, involucrar e inspirar."

CAPÍTULO 5 - DISEÑO Y EXPERIENCIA DE USUARIO

Principios del diseño centrado en el usuario

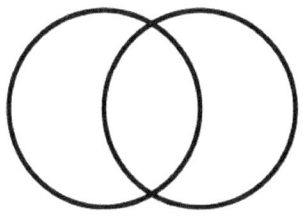

Cuando se trata de diseñar un sitio web, priorizar la experiencia del usuario es muy importante. El diseño centrado en el usuario, también conocido como diseño centrado en el usuario (DCU), es un enfoque que se centra en comprender las necesidades, preferencias y comportamientos de los usuarios a lo largo del proceso de diseño. Al colocar al usuario en el centro de la toma de decisiones, los diseñadores pueden crear sitios web que sean intuitivos, atractivos y, en última instancia, más exitosos. Como lo explique en capítulos anteriores, revisemos estos siguientes 8 principios del DCU.

- **Investigación de Usuarios:** La base del diseño centrado en el usuario reside en una investigación exhaustiva de los usuarios. Esto implica recopilar información sobre la demografía, preferencias, comportamientos y puntos problemáticos del público objetivo. A través de técnicas como encuestas, entrevistas y pruebas de usabilidad, los diseñadores pueden obtener una comprensión profunda de las necesidades del usuario.
- **Definir Personas de Usuario:** Una vez completada la investigación de usuarios, los diseñadores crean personas de usuario, personajes ficticios que representan diferentes segmentos del público objetivo. Estas personas ayudan a los diseñadores a empatizar con los usuarios y tomar decisiones de diseño informadas que se alineen con sus necesidades y objetivos.
- **Enfoque en la Usabilidad:** La usabilidad es un principio fundamental del diseño centrado en el usuario. Los sitios web deben ser fáciles de usar, intuitivos y eficientes. Los diseñadores deben priorizar una navegación clara, una arquitectura de información lógica e interfaces de usuario intuitivas para garantizar una experiencia de navegación fluida.
- **Estrategia de Contenido:** El contenido efectivo es esencial para involucrar a los usuarios y satisfacer sus

necesidades. El diseño centrado en el usuario implica crear contenido relevante, informativo y fácil de digerir. Los diseñadores deben considerar el contexto del usuario y adaptar el contenido para abordar sus preguntas e inquietudes.
- **Accesibilidad:** La accesibilidad es un aspecto clave del diseño centrado en el usuario, asegurando que los sitios web sean utilizables por personas de todas las habilidades. Los diseñadores deben adherirse a los estándares de accesibilidad web, como proporcionar texto alternativo para las imágenes, utilizar marcado HTML semántico y garantizar la navegación con el teclado.
- **Proceso de Diseño Iterativo:** El diseño centrado en el usuario es iterativo, lo que significa que implica retroalimentación y refinamiento continuos. Los diseñadores crean prototipos y recopilan comentarios de los usuarios a través de pruebas de usabilidad, incorporando conocimientos para mejorar el diseño de manera iterativa.
- **Adaptabilidad Móvil:** Con el uso cada vez mayor de dispositivos móviles, diseñar para la adaptabilidad móvil es crucial. El diseño centrado en el usuario implica optimizar los sitios web para diferentes tamaños de pantalla y dispositivos, garantizando una experiencia consistente y fluida en todas las plataformas.
- **Empatía y Enfoque Centrado en el Ser Humano:** En su núcleo, el diseño centrado en el usuario se trata de empatía, comprender la perspectiva del usuario y di-

señar soluciones que aborden sus necesidades y puntos problemáticos. Al adoptar un enfoque centrado en el ser humano, los diseñadores pueden crear experiencias significativas e impactantes para los usuarios.

En esencia, el diseño centrado en el usuario se trata de poner las necesidades y preferencias de los usuarios en primer lugar. Al abrazar principios como la investigación de usuarios, la usabilidad, la accesibilidad y la empatía, los diseñadores pueden crear sitios web que resuenen con los usuarios y generen resultados positivos.

Optimización de la navegación del sitio web

Imagina caminar por una bulliciosa ciudad, tratando de encontrar tu camino sin ninguna señal o dirección. ¿Frustrante, ¿verdad? Así es como se siente para los usuarios que navegan por un sitio web mal diseñado. Entre todos los sitios web que he construido a lo largo de los años, he podido resumir una serie de puntos clave para optimizar la navegación del sitio web. Descubramos los diez puntos clave que definen la navegación efectiva del sitio web.

1. **Jerarquía y organización clara:** Imagina organizar una habitación desordenada en cajones y estantes cuidadosamente etiquetados. De manera similar, pue-

des estructurar el contenido de tu sitio web con una jerarquía clara, asegurando que los usuarios puedan encontrar fácilmente lo que necesitan sin revolver entre el desorden digital.

2. **Menús de navegación consistentes:** Así como los puntos de referencia confiables que nos guían por calles familiares, siempre mantén menús de navegación consistentes en todo tu sitio web. No importa a dónde se aventuren los usuarios, siempre pueden confiar en la familiaridad reconfortante de la barra de navegación en el mismo lugar.

3. **Etiquetas descriptivas:** Piensa en las etiquetas de navegación como señales en un sendero de montaña: claras, concisas y señalando en la dirección correcta. Elige etiquetas descriptivas que reflejen con precisión el contenido de cada página, asegurando que los usuarios sepan exactamente hacia dónde se dirigen.

4. **Indicadores visuales:** Imagina seguir un rastro de migas de pan por un denso bosque: los indicadores visuales cumplen un propósito similar en la navegación del sitio web. Incorpora pistas sutiles como iconos y cambios de color para guiar la atención de los usuarios y resaltar elementos interactivos en el camino.

5. **Funcionalidad de búsqueda:** Así como tener un mapa confiable en tu mochila, implementa una función de búsqueda para ayudar a los usuarios a navegar rápidamente, especialmente en un vasto paisaje digital. Con una simple caja de búsqueda, los usuarios pue-

den encontrar lo que necesitan en segundos, sin importar lo profundo que vayan.
6. **Migas de pan:** ¿Alguna vez has seguido un rastro de migas de pan de vuelta a casa? Las migas de pan en los sitios web cumplen un propósito similar, ofreciendo a los usuarios un camino claro para navegar hacia atrás a través de la jerarquía del sitio. ¡No más sentirse perdido en la selva digital!
7. **Diseño receptivo:** En el mundo centrado en dispositivos móviles de hoy, optimizar la navegación para pantallas más pequeñas es importante. Acepta técnicas de diseño receptivo, asegurando que la navegación de tu sitio web siga siendo elegante e intuitiva, ya sea vista en un escritorio o un teléfono inteligente.
8. **Pruebas de usuario:** Invita a amigos a probar tu nuevo mapa de carreteras diseñado. Realiza pruebas de usabilidad para recopilar comentarios de usuarios reales, observando cómo interactúan con el sistema de navegación y ajustándolo según sus percepciones. Hazlo una y otra vez hasta que tus comentarios estén bien equilibrados.
9. **Consideraciones de accesibilidad:** Así como agregar rampas para acceso en silla de ruedas, asegúrate de que la navegación de tu sitio web sea accesible para todos los usuarios, independientemente de su capacidad. Desde opciones de navegación con teclado hasta texto descriptivo para lectores de pantalla, haz que la accesibilidad esté en primer plano de tu diseño.

10. **Optimización del rendimiento:** Imagina recortar el exceso de equipaje para aligerar tu carga en una caminata, así es como debes optimizar tu sitio web para el rendimiento. Al eliminar elementos innecesarios y optimizar los tiempos de carga, puedes garantizar que los usuarios puedan navegar rápidamente sin ningún retraso frustrante.

La incorporación de estas estrategias ha transformado la navegación del sitio web en un paisaje digital fácil de usar, guiando a los visitantes en un viaje sin problemas hacia sus destinos deseados en muchos sitios web que he construido. Con señales claras, senderos intuitivos y orientación receptiva, navegar por tu sitio web puede ser tan fácil como dar un paseo tranquilo por un sendero bien marcado.

Pautas de diseño visual y marca

¡Claro! El diseño visual y las pautas de marca son componentes esenciales para crear la identidad y la atmósfera de un sitio web. Exploremos cómo estos elementos pueden ser aprovechados para crear una presencia en línea cautivadora.

Imagina entrar en una tienda bien diseñada con colores vibrantes, exhibiciones elegantes y una identidad de marca cohesiva. La experiencia no solo es visualmente atractiva, sino que también deja una impresión duradera. De manera similar, cuando los usuarios visitan un sitio web, deberían sentirse inmersos en un entorno visual cohesivo que refleje la identidad y los valores de la marca.

El diseño visual abarca diversos aspectos como esquemas de color, tipografía, imágenes y diseño. Cada elemento contribuye al atractivo estético general y la usabilidad del sitio web. Al diseñar un sitio web, es esencial establecer pautas de marca claras para garantizar la consistencia en todos los elementos visuales.

Pequeños detalles como las paletas de colores juegan un papel importante en evocar emociones y transmitir la personalidad de la marca. Al seleccionar una paleta de colores principal que se alinee con la identidad de la marca, puedes crear una experiencia visual coherente. Por ejemplo, una empresa tecnológica podría optar por un esquema de colores moderno y sofisticado, mientras que una marca para niños podría elegir colores brillantes y juguetones.

Al igual que los colores, la tipografía es otro aspecto crucial del diseño visual. La elección de fuentes puede tener un gran impacto en la legibilidad y la percepción de la marca. Seleccionar tipos de letra complementarios para encabezados, texto principal y otros elementos ayuda a mantener la coherencia y la legibilidad en todo el sitio web.

Las imágenes también desempeñan un papel vital en la transmisión del mensaje de la marca y en conectar con la audiencia a nivel emocional. Las fotos, ilustraciones y gráficos de alta calidad pueden mejorar el atractivo visual del sitio web y reforzar la narrativa de la marca. Ya sea utilizando fotografías personalizadas o imágenes de stock, es esencial asegurarse de que los visuales se alineen con la identidad de la marca y resuenen con la audiencia objetivo.

El último punto importante sería el diseño del diseño que implica organizar el contenido de una manera visualmente atractiva y fácil de usar. Un diseño bien estructurado guía a los usuarios a través del sitio web y resalta la información clave de manera efectiva. Al incorporar espacios en blanco, menús de navegación claros y estructuras de página intuitivas, puedes crear una experiencia de navegación sin problemas para los usuarios.

Las pautas de marca sirven como una hoja de ruta para mantener la consistencia visual en todos los puntos de contacto. Estas pautas suelen incluir especificaciones para el uso del logotipo, paletas de colores, tipografía, estilo de imágenes y más. Al adherirse a estas pautas, puedes garantizar que cada aspecto del sitio web refleje la identidad de la marca y refuerce sus valores.

En resumen, el diseño visual y las pautas de marca son fundamentales para crear un sitio web memorable y atractivo. Al diseñar cuidadosamente esquemas de colores, tipografía, imágenes y diseño, puedes cautivar a tu audiencia y dejar una impresión duradera.

"La consistencia es clave, así que asegúrate de establecer pautas de marca claras para mantener la coherencia visual en todos los aspectos de tu sitio web."

Consideraciones de accesibilidad para todos los usuarios

Garantizar la accesibilidad para todos los usuarios es un aspecto fundamental del diseño web, que permite que todos, independientemente de su capacidad, accedan e interactúen con el contenido de manera efectiva. Veamos algunas consideraciones clave para crear una experiencia en línea inclusiva. Imagina navegar por un sitio web utilizando solo un teclado o un lector de pantalla, sin poder ver ni usar un mouse. Para personas con discapacidades visuales, motoras o cognitivas, acceder y navegar por sitios web puede presentar desafíos significativos. Al priorizar la accesibilidad en el diseño web, podemos garantizar que todos puedan acceder y usar el contenido digital de manera cómoda.

Uno de los aspectos más críticos de la accesibilidad web es proporcionar texto alternativo para las imágenes. Los lectores de pantalla dependen del texto alternativo (texto ALT) para describir las imágenes a los usuarios que no pueden verlas. Al agregar imágenes a un sitio web, es esencial incluir texto ALT descriptivo que transmita el contenido y el propósito de la imagen. Esto garantiza que las personas que utilizan lectores de pantalla puedan comprender el contexto de las imágenes.

Otra consideración esencial es proporcionar opciones de navegación con el teclado. Muchos usuarios, especialmente aquellos con discapacidades motoras, dependen de los teclados para navegar por sitios web en lugar de los ratones tradicionales. Diseñar sitios web con accesibilidad al teclado en mente garantiza que los usuarios puedan navegar a través de enlaces, botones y elementos interactivos usando solo las teclas de tabulación y flecha. Además, asegurarse de que el enfoque del teclado sea claramente visible ayuda a los usuarios a comprender su ubicación actual en la página.

El contraste de color también es crucial para los usuarios con discapacidades visuales, como el daltonismo o la baja visión. Garantizar un contraste suficiente entre los colores del texto y el fondo mejora la legibilidad y la usabilidad para todos los usuarios. Seguir pautas de accesibilidad establecidas, como las Pautas de Accesibilidad al Contenido Web (WCAG), ayuda a garantizar que las elecciones de color cumplan con las relaciones de contraste necesarias.

Además, proporcionar subtítulos y transcripciones para contenido multimedia, como videos y grabaciones de audio, garantiza la accesibilidad para usuarios sordos o con problemas de audición. Los subtítulos proporcionan una representación basada en texto del contenido hablado, mientras que las transcripciones ofrecen una versión escrita de todo el contenido de audio o video. Incluir estas alternativas garantiza que todos los usuarios puedan acceder a la información presentada en formatos multimedia.

La accesibilidad de los formularios es otra consideración crítica en el diseño web. Proporcionar etiquetas claras, mensajes de error e instrucciones ayuda a los usuarios a comprender los campos del formulario y completar tareas con éxito. Además, asegurarse de que los campos del formulario estén correctamente etiquetados y sean accesibles mediante la navegación con el teclado garantiza la usabilidad para todos los usuarios.

Al considerar factores como el diseño receptivo, que garantiza la accesibilidad en diversos dispositivos y tamaños de pantalla, puedes asegurar que el contenido siga siendo utilizable tanto en teléfonos inteligentes, tabletas y computadoras de escritorio por igual. La accesibilidad en el diseño web es crucial para fomentar experiencias digitales inclusivas. Al integrar funciones que atienden a diversas necesidades de los usuarios, incluidas aquellas con discapacidades, tu sitio web se vuelve accesible para todos. Abrazar los principios de accesibilidad no solo mejora la usabilidad, sino que también promueve la inclusividad, fomentando un entorno en línea más equitativo para todos.

CAPÍTULO 6 - OPTIMIZACIÓN DEL SITIO WEB

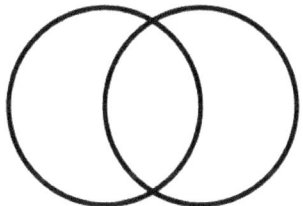

A medida que nos embarcamos en el viaje de la optimización del sitio web, recuerdo las incontables horas dedicadas a perfeccionar mi plataforma en línea. Desde los primeros días de diseñar mi sitio web hasta el proceso continuo de ajustar su rendimiento, cada paso ha sido una lección en el arte de la optimización. A través de ensayo y error, he descubierto el poder transformador de ajustes y mejoras estratégicas, cada uno destinado a elevar la experiencia del usuario y maximizar los resultados.

En este capítulo, juntos, profundizaremos en las complejidades de afinar cada aspecto de tu presencia en línea, desde los elementos de diseño hasta las métricas de rendimiento. Te proporcionaré estrategias prácticas y consejos útiles para ayudarte a desbloquear todo el potencial de tu sitio web.

Ya seas un experto webmaster que busca mejorar tu plataforma existente o un recién llegado que busca construir desde cero, este capítulo te proporcionará las herramientas y conocimientos necesarios para optimizar tu sitio web para el éxito.

Personalización de la experiencia en línea

Como alguien profundamente comprometido en proporcionar experiencias en línea personalizadas, he descubierto el increíble impacto que puede tener en la participación del usuario y las tasas de conversión. Permíteme compartir contigo las estrategias que mi equipo y yo hemos empleado para personalizar la experiencia en línea en mi sitio web.

En primer lugar, comenzamos conociendo a nuestra audiencia a través de la creación de perfiles de usuario y la segmentación, como mencioné en capítulos anteriores. Al recopilar datos sobre sus características demográficas, hábitos de navegación y preferencias, podemos dividirlos en grupos distintos. Esto nos permite adaptar nuestro contenido y recomendaciones para satisfacer mejor sus necesidades e intereses.

Una vez que hemos segmentado nuestra audiencia, aprovechamos la personalización de contenido dinámico para ofrecer experiencias personalizadas. Utilizando sistemas avanzados de gestión de contenido, ofrecemos contenido relevante basado en factores como sus interacciones pasadas, ubicación o intereses. Esto garantiza que cada visitante reciba contenido que les hable directamente.

También prestamos atención cercana al comportamiento del usuario a través de la orientación conductual. Al analizar métricas como clics, vistas de página y tiempo de permanencia en el sitio, obtenemos información sobre las preferencias individuales. Esto nos permite afinar nuestras recomendaciones y adaptar la experiencia en línea a las preferencias únicas de cada usuario.

Además, utilizamos mensajes y notificaciones contextuales para enviar mensajes oportunos y relevantes. Ya sea una notificación push personalizada o un recordatorio por correo electrónico sobre un evento próximo, nos aseguramos de que nuestras comunicaciones estén adaptadas al contexto actual del usuario.

Además, otorgamos a los usuarios control sobre su experiencia a través de la gestión de preferencias. Al permitirles personalizar sus preferencias de contenido y configuraciones de privacidad, les damos el poder de dar forma a su propio viaje en línea.

A través de pruebas A/B continuas y optimización, refinamos nuestras estrategias de personalización para asegurar que sigan siendo efectivas y relevantes. Este proceso iterativo nos ayuda a mantenernos a la vanguardia y ofrecer la mejor experiencia posible a nuestros usuarios.

Y, por supuesto, priorizamos la privacidad de los datos y el cumplimiento normativo en cada paso del proceso. Al adherirnos a regulaciones y mejores prácticas, nos aseguramos de que los datos de los usuarios se manejen de manera responsable y transparente.

Al final, la personalización nos permite forjar conexiones más profundas con nuestra audiencia y fomentar la lealtad a largo plazo. Al adaptar la experiencia en línea a las necesidades y preferencias de cada usuario, creamos un viaje que se siente como único para ellos.

Garantizar la compatibilidad entre navegadores

Como desarrollador web, asegurar la compatibilidad entre navegadores siempre ha sido una prioridad para mí. Cuando comencé a desarrollar sitios web, me centré principalmente en crear diseños que se vieran geniales en mi navegador preferido, que generalmente era Chrome. Sin embargo, rápidamente aprendí que no todos los usuarios accedían a la web a través del mismo navegador. Algunos preferían Firefox, otros Safari, y aún había quienes eran leales a Internet Explorer o Edge.

Me di cuenta de que si quería que mis sitios web llegaran a una audiencia más amplia y brindaran una experiencia positiva para todos los visitantes, necesitaba asegurar la compatibilidad entre navegadores. Esto significaba probar mis sitios web en múltiples navegadores y dispositivos para identificar cualquier problema de compatibilidad y abordarlo de manera proactiva.

Comencé familiarizándome con los estándares web modernos y las mejores prácticas, como HTML5, CSS3 y los marcos de JavaScript como React y Angular. Estas tecnologías proporcionaron una base sólida para construir sitios web compatibles que aprovecharan las últimas características y capacidades de los navegadores modernos.

Luego, adopté un enfoque de diseño web adaptable, utilizando consultas de medios y técnicas de diseño flexibles para asegurar que mis sitios web se adaptaran sin problemas a diferentes tamaños y resoluciones de pantalla. Esto permitió que los usuarios accedieran a mis sitios web en computadoras de escritorio, portátiles, tabletas y teléfonos inteligentes sin pérdida de funcionalidad o usabilidad.

También abracé el concepto de mejora progresiva, construyendo funcionalidades básicas que funcionaban en todos los navegadores y dispositivos, y luego agregando características y mejoras adicionales para los navegadores modernos. Este enfoque aseguró que mis sitios web siguieran siendo funcionales y accesibles incluso en navegadores más antiguos o menos capaces.

Para agilizar el proceso de prueba e identificar problemas de compatibilidad de manera más eficiente, comencé a utilizar herramientas y servicios de prueba de compatibilidad entre navegadores como BrowserStack y CrossBrowserTesting. Estas herramientas me permitieron probar mis sitios web en múltiples navegadores y dispositivos simultáneamente, proporcionando retroalimentación en tiempo real sobre problemas de compatibilidad que necesitaban ser abordados.

Me aseguré de mantenerme informado sobre las actualizaciones de los navegadores y los cambios en los estándares web, actualizando regularmente mis sitios web para abordar cualquier problema de compatibilidad o vulnerabilidad de seguridad que surgiera. Monitoreaba las estadísticas de uso del navegador y los comentarios de los usuarios para identificar tendencias emergentes y priorizar las actualizaciones en consecuencia.

Al verificar la compatibilidad entre navegadores y adoptar un enfoque proactivo para la prueba y optimización, pude garantizar que mis sitios web ofrecieran una experiencia de usuario consistente y de alta calidad en todas las plataformas, navegadores y dispositivos. Esto no solo minimizó la frustración del usuario, sino que también maximizó el alcance y la participación, lo que en última instancia impulsó las conversiones y el éxito para mis clientes y para mí.

Implementación de funciones interactivas y chatbots

Siempre me ha fascinado el potencial de las funciones interactivas para crear experiencias de usuario más dinámicas y atractivas. Desde simples animaciones y efectos de desplazamiento hasta elementos interactivos más complejos como deslizadores, carruseles y formularios interactivos, he experimentado con una amplia gama de técnicas para dar vida a los sitios web y hacerlos más interactivos.

Una de las formas más efectivas que he encontrado para involucrar a los usuarios y brindar asistencia personalizada es mediante el uso de chatbots. Estos bots preprogramados o asistentes virtuales impulsados por inteligencia artificial pueden ayudar a los usuarios a navegar por los sitios web, responder preguntas comunes, ofrecer recomendaciones de productos e incluso facilitar transacciones.

Cuando implemento chatbots, comienzo identificando las consultas y tareas más comunes de los usuarios, como consultas de productos, seguimiento de pedidos y solicitudes de soporte. Luego diseño un flujo de conversación que guía a los usuarios a través de estas tareas y proporciona respuestas útiles en tiempo real.

Para crear chatbots, he experimentado con varias plataformas y herramientas, incluidos marcos de trabajo de chatbot de terceros como Dialogflow, Merlin AI, Microsoft Bot Framework e IBM Watson Assistant, así como soluciones personalizadas utilizando JavaScript y Node.js. Cada enfoque tiene sus ventajas y limitaciones, pero el objetivo siempre es el mismo: crear una experiencia de usuario fluida e intuitiva que mejore la participación e impulse las conversiones.

Además de los chatbots, también he integrado otras funciones interactivas en los sitios web para fomentar la interacción y la exploración de los usuarios. Por ejemplo, he implementado mapas interactivos para ayudar a los usuarios a encontrar ubicaciones cercanas o visualizar datos geográficos, gráficos y diagramas interactivos para presentar información compleja de una manera más atractiva, y cuestionarios y encuestas interactivas para recopilar comentarios y percepciones de los usuarios.

Una de mis características interactivas favoritas para implementar es la funcionalidad de "chat en vivo", que permite a los usuarios conectarse con representantes de atención al cliente en tiempo real. Esta función no solo proporciona asistencia inmediata a los usuarios, sino que también ayuda a las empresas a construir relaciones más sólidas con sus clientes y mejorar la satisfacción del cliente.

Al implementar funciones interactivas, siempre priorizo la usabilidad y la accesibilidad, asegurándome de que todos los usuarios, independientemente de su dispositivo o habilidades, puedan interactuar fácilmente con el sitio web y acceder a la información que necesitan. También superviso regularmente los comentarios de los usuarios y las analíticas para identificar áreas de mejora y refinar las funciones interactivas en consecuencia.

En general, la implementación de características interactivas y chatbots ha sido un cambio de juego para mejorar la participación del usuario, mejorar el soporte al cliente y aumentar las conversiones en los sitios web. Al abrazar el poder de la interactividad, he podido crear experiencias de usuario más dinámicas y atractivas que deleitan a los usuarios y brindan resultados tangibles para mis clientes.

Colocar anuncios estratégicamente para la monetización

Monetizar mi sitio web a través de una colocación estratégica de anuncios ha sido un viaje intrigante, lleno de lecciones sobre cómo equilibrar la generación de ingresos con el mantenimiento de una experiencia positiva para el usuario. En primer lugar, encontrar el equilibrio adecuado entre los ingresos publicitarios y la experiencia del usuario es crucial. Si bien los anuncios pueden generar ingresos, abrumar a los usuarios con anuncios intrusivos puede alejarlos y dañar la reputación de mi sitio web. Mi objetivo siempre ha sido integrar los anuncios de manera fluida en el diseño de mi sitio web, mejorando en lugar de interrumpir la experiencia de navegación del usuario.

Una estrategia efectiva que he encontrado es colocar estratégicamente los anuncios dentro del flujo natural de mi contenido. Integrar anuncios entre párrafos o secciones me permite captar la atención de los usuarios sin interrumpir su experiencia de lectura. Este enfoque garantiza que los anuncios complementen el contenido, aumentando la probabilidad de participación del usuario.

Teniendo en cuenta la importancia del área "por encima del pliegue", la parte de la página web visible sin desplazarse, he colocado cuidadosamente anuncios de alto impacto en este espacio privilegiado. Sin embargo, tengo cuidado de no abrumar a los usuarios con demasiados anuncios, ya que puede afectar negativamente su experiencia.

Además de los anuncios de visualización estática, he explorado otros formatos de anuncios como los anuncios nativos, los anuncios intersticiales, el contenido patrocinado y los enlaces de marketing de afiliados. Los anuncios nativos se integran perfectamente con el contenido circundante, lo que los hace menos intrusivos y más atractivos. Los anuncios intersticiales son buenos porque generalmente se abren en nuevas ventanas, pero algunos no lo hacen y pueden ser muy invasivos. El contenido patrocinado permite a las marcas promocionar sus productos de manera orgánica y relevante.

El diseño de anuncios receptivos también ha sido una prioridad para mí, para garantizar experiencias de visualización óptimas en diferentes dispositivos y tamaños de pantalla. Los anuncios receptivos se adaptan al dispositivo del usuario, proporcionando una experiencia consistente y visualmente atractiva independientemente de la plataforma.

Las pruebas y la optimización han desempeñado un papel crucial en el perfeccionamiento de mi estrategia de colocación de anuncios. Realizar pruebas A/B me ayuda a comparar diferentes ubicaciones, tamaños y formatos para determinar qué funciona mejor para mi audiencia. Analizar métricas como las tasas de clics y las tasas de conversión me guía para identificar las ubicaciones de anuncios más efectivas.

Por último, valoro los comentarios de los usuarios y monitoreo el comportamiento de los usuarios para comprender el impacto de la colocación de anuncios en la experiencia general del usuario. Solicitar comentarios de mi audiencia y realizar un seguimiento del compromiso del usuario con herramientas de análisis me ayuda a refinar continuamente mi estrategia de colocación de anuncios basada en ideas impulsadas por datos.

Al encontrar el equilibrio adecuado entre la monetización y la experiencia del usuario y al refinar continuamente mi estrategia de colocación de anuncios, he podido maximizar los ingresos mientras aseguro una experiencia de navegación positiva para los visitantes de mi sitio web.

CAPÍTULO 7 - MANTENIMIENTO Y SEGURIDAD DEL SITIO WEB

Establecer procedimientos de actualización periódica

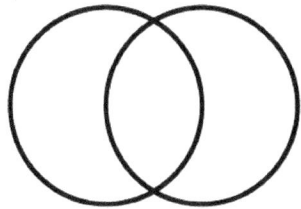

Actualizar tu sitio web es una parte realmente importante de la relación. Si no puedes hacerlo todos los días, intenta hacerlo cada semana, cada dos semanas o al menos una vez al mes. Mantener tu sitio web actualizado te ayudará en los motores de búsqueda y en sus resultados. Hablaremos más sobre eso en el capítulo 9.

"Así como la comunicación es la base de una buena relación, la actualización de su sitio web es la base y uno de los elementos clave de la magia online".

Mantener un sitio web es similar a nutrir una relación valiosa: requiere atención regular y cuidado para garantizar su salud y vitalidad. Al igual que la comunicación constante forma la base de cualquier relación sólida, establecer procedimientos regulares de actualización para tu sitio web sirve como piedra angular para su éxito en la magia en línea.

Actualizar tu sitio web con frecuencia es importante por varias razones. No solo demuestra a los visitantes que tu plataforma está activa y dinámica, sino que también desempeña un papel crucial en mejorar la visibilidad y las clasificaciones en los motores de búsqueda. Los motores de búsqueda favorecen el contenido fresco y relevante, y actualizar regularmente tu sitio web asegura que permanezca relevante y competitivo en los resultados de búsqueda.

Si bien las actualizaciones diarias no siempre son factibles, intenta que sea una prioridad el actualizar tu sitio web al menos una vez a la semana, aunque entre más frecuente lo hagas mejor. Sin embargo, incluso actualizar cada dos semanas o mensualmente puede contribuir significativamente a la salud y el rendimiento general.

Para mí, implementar un horario regular de actualizaciones se ha integrado en mi flujo de trabajo, similar a una revisión de rutina para mi presencia en línea. Ya sea agregar nuevo contenido, actualizar páginas existentes, optimizar etiquetas meta y descripciones, o instalar actualizaciones de seguridad, cada actualización contribuye al crecimiento y la vitalidad del sitio web.

Establecer procedimientos regulares de actualización te permitirá mantener una conexión con tu audiencia y proporcionarles contenido fresco y atractivo de manera consistente. Al mantener tu sitio web actualizado, podrás comunicarte efectivamente con tus visitantes, abordar sus necesidades e intereses, y fomentar conexiones más sólidas con ellos con el tiempo.

Actualizar un sitio web no es solo una tarea, es un aspecto fundamental para nutrir tu presencia en línea y garantizar su éxito a largo plazo. Al igual que en cualquier relación, la atención y el esfuerzo constantes son esenciales para mantener una conexión sólida y vibrante con tu audiencia. A través de actualizaciones consistentes y compromiso continuo, puedes seguir cultivando una presencia en línea próspera y dinámica que resuene con tu audiencia y les brinde valor.

Utilización de herramientas y plataformas de mantenimiento

En mi trayectoria de mantenimiento y seguridad de sitios web, he aprendido a apreciar el valor de utilizar herramientas y plataformas de mantenimiento. Estos recursos se han convertido en activos indispensables en mis esfuerzos por mantener mi sitio web funcionando sin problemas y de manera segura, lo que me permite simplificar tareas, identificar problemas e implementar actualizaciones necesarias con facilidad.

El software de monitoreo de sitios web es un activo indispensable en mi conjunto de herramientas para mantener mi presencia en línea. Estas plataformas ofrecen valiosos conocimientos en tiempo real sobre el rendimiento y el tiempo de actividad de mi sitio web, lo que me permite estar informado sobre cualquier problema o tiempo de inactividad que pueda surgir. Con alertas y notificaciones oportunas, puedo abordar rápidamente cualquier problema y prevenir posibles interrupciones en la experiencia del usuario.

Para garantizar un monitoreo integral, utilizo tanto plataformas de monitoreo de sitios web gratuitas como de paga. Opciones gratuitas como UptimeRobot y StatusCake proporcionan capacidades básicas de monitoreo, incluidas verificaciones de tiempo de actividad y métricas de rendimiento. Mientras tanto, plataformas de paga como Pingdom y Site24x7 ofrecen funciones más avanzadas como monitoreo de usuarios reales, monitoreo de transacciones y alertas personalizables. Al aprovechar una combinación de estas herramientas, puedo mantener un enfoque proactivo para el mantenimiento del sitio web y ofrecer una experiencia consistentemente confiable a mis visitantes.

Además, los sistemas de gestión de contenido (CMS) desempeñan un papel vital en simplificar las tareas de mantenimiento del sitio web. Plataformas como WordPress, Joomla y Drupal proporcionan interfaces fáciles de usar que me permiten actualizar fácilmente el contenido, agregar nuevas páginas y administrar archivos multimedia sin necesidad de conocimientos técnicos extensos. Con plataformas de CMS intuitivas, puedo mantener mi sitio web de manera eficiente y concentrarme en ofrecer contenido, herramientas o servicios valiosos a mi audiencia.

Otra herramienta de mantenimiento esencial en la que confío es una solución de copia de seguridad de sitios web. Asegurar copias de seguridad regulares de tu sitio web es crucial para proteger tus datos y mitigar el riesgo de pérdida de datos debido a eventos imprevistos como fallas del servidor, intentos de piratería o errores humanos. Muchos proveedores de alojamiento ofrecen soluciones de copia de seguridad automatizadas como parte de sus planes de alojamiento, pero es esencial elegir cuidadosamente tu proveedor para garantizar una cobertura de copia de seguridad adecuada.

Además de las copias de seguridad proporcionadas por el alojamiento, existen varias soluciones de copia de seguridad gratuitas y pagas disponibles para sitios web. Opciones gratuitas como UpdraftPlus y BackWPup ofrecen funcionalidades básicas de copia de seguridad, lo que te permite programar copias de seguridad regulares y almacenarlas localmente o en servicios de almacenamiento en la nube como Dropbox o Google Drive. Para obtener características y capacidades más avanzadas, las soluciones de copia de seguridad pagas como VaultPress y BackupBuddy ofrecen seguridad mejorada, copias de seguridad automáticas y opciones de restauración con un clic. Independientemente de la solución que elijas, realizar copias de seguridad regularmente de tu sitio web es un paso esencial para proteger tus datos y garantizar la continuidad del negocio.

Además de las herramientas de monitoreo y copia de seguridad, también he encontrado un valor inmenso en aprovechar plataformas de optimización de sitios web para mejorar el rendimiento y la experiencia del usuario de mi presencia en línea. Estas plataformas integrales ofrecen una variedad de funcionalidades que profundizan en los detalles intrincados de las métricas de rendimiento de mi sitio web, proporcionando conocimientos valiosos y recomendaciones prácticas para la mejora. Por ejemplo, Google PageSpeed Insights es una herramienta poderosa que evalúa la velocidad de carga de mis páginas web en diferentes dispositivos y proporciona sugerencias de optimización para mejorar la experiencia del usuario.

Además, otras plataformas de optimización de sitios web como GTmetrix, Pingdom y WebPageTest ofrecen un análisis detallado del rendimiento, destacando áreas de mejora en términos de tiempos de carga de páginas, tiempos de respuesta del servidor y capacidad de respuesta general del sitio web. Estas plataformas también evalúan la capacidad de respuesta móvil, asegurando que mi sitio web ofrezca una experiencia fluida en diversos dispositivos y tamaños de pantalla. Además, proporcionan información sobre la optimización SEO, identificando oportunidades para mejorar la visibilidad en los motores de búsqueda y aumentar el tráfico orgánico hacia mi sitio web.

Al incorporar conocimientos de estas plataformas de optimización de sitios web en mi rutina de mantenimiento, puedo ajustar continuamente mi sitio web para ofrecer un rendimiento óptimo y una experiencia de usuario. Ya sea optimizando imágenes, minimizando archivos CSS y JavaScript o implementando estrategias de almacenamiento en caché, estas plataformas me permiten tomar decisiones informadas que impactan positivamente en el rendimiento y las métricas de participación de mi sitio web.

Además, en el panorama digital actual, los complementos y software de seguridad juegan un papel fundamental en la protección de mi sitio web contra el panorama de amenazas en constante evolución. Estas herramientas esenciales ofrecen una estrategia de defensa multicapa, que incluye funciones como protección de firewall, escaneo de malware y detección de vulnerabilidades para frustrar posibles ciberataques.

Entre la variedad de complementos de seguridad disponibles, opciones como Wordfence Security, Sucuri Security e iThemes Security se destacan como opciones populares entre los propietarios de sitios web. Estos complementos ofrecen funcionalidades de seguridad integrales, incluida la detección de amenazas en tiempo real, monitoreo de listas negras y verificación de integridad de archivos, asegurando protección las 24 horas del día contra actores maliciosos e intentos de acceso no autorizado.

Para aquellos que buscan medidas de seguridad más avanzadas, soluciones de seguridad premium como SiteLock y MalCare proporcionan características mejoradas como endurecimiento de sitios web, eliminación automatizada de malware y auditorías de seguridad. Si bien estas opciones premium pueden requerir una inversión financiera, ofrecen una tranquilidad inigualable y una protección robusta contra amenazas cibernéticas sofisticadas.

Al integrar complementos y software de seguridad en mi rutina de mantenimiento de sitios web, he podido defender de manera proactiva contra vulnerabilidades de seguridad, mitigar riesgos y mantener la confianza e integridad de mi presencia en línea.

En resumen, la utilización de herramientas y plataformas de mantenimiento desempeña su papel en agilizar los procesos de gestión de mi sitio web y mejorar su rendimiento, seguridad y confiabilidad. Al aprovechar estos recursos de manera efectiva, puedes garantizar que tu sitio web permanezca saludable, resistente y optimizado para el éxito.

Implementación de medidas de seguridad contra amenazas cibernéticas

Implementar medidas de seguridad robustas contra las amenazas cibernéticas se ha convertido en una prioridad absoluta. Con la creciente frecuencia y sofisticación de los ciberataques, proteger mi sitio web y salvaguardar datos sensibles se ha vuelto imperativo para mantener la confianza y credibilidad con mi audiencia.

Así es como he abordado la implementación de medidas de seguridad para fortalecer mi sitio web contra posibles amenazas

1. **Utilizando Cifrado SSL/TLS:** Una de las medidas de seguridad fundamentales que he implementado es el cifrado SSL/TLS. Al cifrar los datos transmitidos entre el sitio web y los navegadores de los visitantes, se puede proteger información sensible como creden-

ciales de inicio de sesión, detalles de pago y datos personales contra la interceptación por parte de ciberdelincuentes. Los certificados SSL/TLS no solo mejoran la seguridad de los datos, sino que también inspiran confianza entre los usuarios al mostrar el icono del candado y "https://" en la barra de direcciones del navegador.

2. **Implementando Firewalls de Aplicaciones Web (WAF):** Los Firewalls de Aplicaciones Web sirven como una barrera protectora entre los sitios web y Internet, filtrando el tráfico malicioso y bloqueando amenazas cibernéticas comunes como la inyección SQL, el cross-site scripting (XSS) y los ataques de denegación de servicio distribuido (DDoS). Al implementar una solución WAF, se puede detectar y mitigar proactivamente vulnerabilidades de seguridad en tiempo real, reduciendo el riesgo de compromiso del sitio web y brechas de datos.

3. **Auditorías de Seguridad Regulares y Escaneo de Vulnerabilidades:** Realizar auditorías de seguridad regulares y escaneos de vulnerabilidades es esencial para identificar y abordar posibles debilidades en la infraestructura y el código de cualquier sitio web. Al aprovechar herramientas de escaneo automatizadas y evaluaciones de seguridad manuales, se pueden identificar fallos de seguridad, configuraciones incorrectas y software desactualizado que podría ser explotado por ciber atacantes. Abordar estas vulnerabilidades de manera oportuna ayuda a mantener una

postura de seguridad sólida y minimizar el riesgo de explotación.
4. **Mecanismos de Autenticación Fuertes:** Implementar mecanismos de autenticación fuertes como la autenticación multifactorial (MFA) agrega una capa adicional de seguridad al proceso de inicio de sesión de cualquier sitio web, reduciendo el riesgo de acceso no autorizado a cuentas de usuario. Al requerir que los usuarios verifiquen su identidad a través de múltiples factores como contraseñas, biometría o códigos de un solo uso, se puede mitigar el riesgo de robo de credenciales y acceso no autorizado a cuentas, mejorando la seguridad en general.
5. **Actualizaciones de Software Regulares y Gestión de Parches:** Mantener actualizado el software, los complementos y las dependencias de su sitio web es crucial para abordar vulnerabilidades de seguridad conocidas y prevenir la explotación por parte de ciber atacantes. Al instalar regularmente parches de seguridad y actualizaciones proporcionadas por los proveedores de software y desarrolladores, se pueden cerrar brechas de seguridad y garantizar que la tecnología subyacente de su sitio web permanezca segura y resiliente contra amenazas emergentes.
6. **Cifrado de Datos y Prácticas de Almacenamiento Seguro:** Proteger los datos sensibles contra el acceso no autorizado requiere un cifrado robusto y prácticas de almacenamiento seguro. Siempre asegúrese de que la información sensible como contraseñas de

usuario, detalles de pago y datos personales estén cifrados tanto en tránsito como en reposo utilizando algoritmos de cifrado estándar de la industria. Además, adhiera a las mejores prácticas para el almacenamiento de datos, limite el acceso a datos sensibles e implemente controles de acceso sólidos para evitar la divulgación o el robo no autorizados.

"Para los detalles de pago, generalmente es mejor práctica almacenar los datos de pago en los servidores de su proveedor de pagos."

7. **Capacitación y Concienciación del Personal:** Reconociendo que el error humano a menudo puede ser un eslabón débil en las defensas de ciberseguridad, trate de priorizar programas de capacitación y concienciación del personal para educar a los miembros del equipo sobre amenazas cibernéticas comunes, ataques de phishing y mejores prácticas de seguridad. Al fomentar una cultura de conciencia y vigilancia en seguridad, puede capacitar a los empleados para reconocer y responder de manera efectiva a posibles incidentes de seguridad, reduciendo la probabilidad de ciberataques exitosos.

Al implementar medidas de seguridad como las que acabo de mencionar y adoptar un enfoque proactivo de ciberseguridad, puede mitigar el riesgo de amenazas cibernéticas, proteger su sitio web y datos sensibles, y mantener la confianza y seguridad de su audiencia. La vigilancia constante, las evaluaciones regulares y las mejoras continuas son esenciales para mantenerse al frente de las amenazas en evolución y proteger su presencia en línea contra actores maliciosos.

Consideraciones de cumplimiento y protección de datos

La protección de datos y las consideraciones de cumplimiento se han vuelto cada vez más importantes en el entorno digital actual. A medida que las regulaciones de privacidad de datos continúan evolucionando y volviéndose más rigurosas, garantizar el cumplimiento de legislaciones clave como el Reglamento General de Protección de Datos (GDPR), la Ley de Privacidad del Consumidor de California (CCPA) y otras leyes relevantes se ha convertido en una prioridad principal para los propietarios de sitios web y empresas.

Así es cómo he abordado las consideraciones de protección de datos y cumplimiento para salvaguardar datos sensibles y garantizar el cumplimiento normativo:

1. **Entendimiento de los Requisitos Regulatorios**: El primer paso para abordar las consideraciones de protección de datos y cumplimiento es obtener un entendimiento completo de las regulaciones relevantes y los requisitos legales que rigen la recopilación, procesamiento y almacenamiento de datos personales. Regulaciones clave como el GDPR en la Unión Europea y el CCPA en California imponen estrictas obligaciones a las empresas en cuanto a protección de datos, transparencia y derechos individuales. Al familiarizarme con las disposiciones de estas regulaciones y mantenerme informado sobre actualizaciones y cambios, he podido garantizar el cumplimiento de los requisitos legales y mitigar el riesgo de sanciones regulatorias.
2. **Implementación de Políticas y Avisos de Privacidad**: La transparencia y la responsabilidad son principios fundamentales de las regulaciones de protección de datos, que requieren que las empresas proporcionen políticas de privacidad y avisos claros y completos a los usuarios sobre la recopilación, uso y compartición de su información personal. He desarrollado e implementado políticas de privacidad que describen las prácticas de manejo de datos de mi sitio web, incluyendo los tipos de datos recopilados, propósitos de procesamiento, períodos de retención de datos y derechos de los usuarios según las regulaciones aplicables. Al mostrar de manera prominente las políticas de privacidad y avisos en mi sitio web y asegurarme

de que sean fácilmente accesibles para los usuarios, demuestro transparencia y genero confianza con mi audiencia.

3. **Obtención de Base Legal para el Procesamiento de Datos:** Las regulaciones de protección de datos como el GDPR requieren que las empresas establezcan una base legal para el procesamiento de datos personales, como obtener el consentimiento del usuario, cumplir con obligaciones contractuales o legales. He implementado mecanismos para obtener consentimiento explícito de los usuarios antes de recopilar o procesar su información personal, asegurando que las actividades de procesamiento de datos sean legales, justas y transparentes. Al proporcionar a los usuarios opciones claras y granulares para consentir a actividades específicas de procesamiento de datos, respeto las preferencias de privacidad y derechos de los usuarios al tiempo que mantengo el cumplimiento de los requisitos regulatorios.

4. **Implementación de Prácticas de Minimización de Datos y Limitación de Almacenamiento:** Adherirse a los principios de minimización de datos y limitación de almacenamiento es esencial para reducir el riesgo de acceso no autorizado, mal uso o retención de datos personales más allá de lo necesario para los fines previstos. He implementado prácticas para recopilar solo la cantidad mínima de datos personales requeridos para fines especificados y retener datos solo durante el tiempo necesario para cumplir con esos fines o

cumplir con los requisitos legales. Al revisar regularmente y eliminar datos obsoletos o innecesarios, minimizo el riesgo de violaciones de datos y garantizo el cumplimiento de las regulaciones de protección de datos.

5. **Mejora de Medidas de Seguridad de Datos:** Proteger los datos personales contra el acceso no autorizado, divulgación o alteración requiere medidas de seguridad de datos robustas para salvaguardar la información sensible contra amenazas cibernéticas y brechas de seguridad. He implementado un enfoque multifacético para la seguridad de datos, incorporando cifrado, controles de acceso, firewalls, sistemas de detección de intrusiones y auditorías de seguridad regulares para proteger los datos personales contra el acceso o uso no autorizado. Al adoptar prácticas de seguridad estándar de la industria y mantenerme al tanto de las amenazas y vulnerabilidades emergentes, mitigo el riesgo de violaciones de datos y garantizo la confidencialidad, integridad y disponibilidad de los datos personales.

6. **Facilitar los Derechos y Solicitudes de los Usuarios:** Las regulaciones de protección de datos otorgan a los usuarios diversos derechos con respecto a sus datos personales, incluido el derecho de acceso, rectificación, supresión, limitación de procesamiento y portabilidad de datos. He establecido procesos y procedimientos para facilitar el ejercicio de los derechos y solicitudes de los usuarios relacionadas con sus datos

personales, asegurando respuestas oportunas y cumplimiento de las obligaciones regulatorias. Al proporcionar instrucciones claras y mecanismos para que los usuarios envíen solicitudes e inquietudes sobre sus datos personales, demuestro compromiso con la protección de datos y la rendición de cuentas.

7. **Monitorear el Cumplimiento y Adaptarse a los Cambios Regulatorios:** Lograr y mantener el cumplimiento de las regulaciones de protección de datos es un proceso continuo que requiere monitoreo regular, evaluación y adaptación a los requisitos regulatorios en evolución. Reviso y actualizo regularmente mis prácticas y políticas de protección de datos para garantizar su alineación con los últimos desarrollos legales y estándares de la industria. Además, monitoreo acciones de cumplimiento regulatorio, orientación y mejores prácticas para abordar proactivamente los desafíos de cumplimiento emergentes y mitigar riesgos potenciales. Al mantenerme vigilante y receptivo a los cambios regulatorios, demuestro un compromiso con la protección de datos y la excelencia en el cumplimiento.

En resumen, navegar por las consideraciones de protección de datos y cumplimiento requiere un enfoque proactivo y completo para proteger los datos personales y garantizar el cumplimiento normativo. Al comprender los requisitos legales, implementar medidas robustas de protección de datos y fomentar una cultura de privacidad y responsabilidad, se puede proteger los datos sensibles, generar confianza con los usuarios y mitigar el riesgo de sanciones regulatorias. La vigilancia constante, la evaluación continua y la mejora continua son esenciales para mantener el cumplimiento en un panorama normativo en constante cambio.

CAPÍTULO 8 - ESTRATEGIAS DE MARKETING

Comprensión de los canales de marketing de Internet

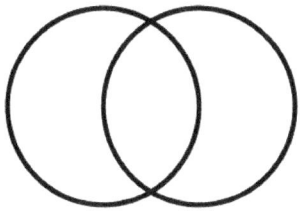

Entender y utilizar diferentes canales de marketing en internet es como embarcarse en una emocionante expedición a través de un vasto océano de posibilidades, cada uno prometiendo oportunidades únicas para conectar con mi audiencia e impulsar mis esfuerzos hacia adelante.

A lo largo de mi trayectoria como propietario de un sitio web que busca expandir mi presencia en línea y fomentar el crecimiento empresarial, me he embarcado en una exploración de varios canales y técnicas de marketing en internet, descubriendo sus complejidades y aprovechando su potencial para generar resultados significativos. A través de un viaje de ensayos, desde la presentación de sitios web a los motores de búsqueda hasta la creación de servicios gratuitos y la publicidad en boletines de correo electrónico comerciales, he explorado una multitud de estrategias. Lo que he aprendido de esta experiencia es que el éxito no se trata de centrarse en una sola táctica, sino de integrar un enfoque integral. Al combinar estas estrategias de manera cohesiva, los propietarios de negocios como yo pueden lograr los resultados deseados. Es la sinergia de estos esfuerzos trabajando juntos lo que realmente impulsa el éxito en el panorama digital.

La Optimización para Motores de Búsqueda (SEO, por sus siglas en inglés) sirve como la base de mi estrategia de marketing en internet, con el objetivo de elevar la visibilidad y el ranking de mi sitio web en las páginas de resultados de los motores de búsqueda (SERPs, por sus siglas en inglés). Al optimizar meticulosamente el contenido del sitio web, la estructura y los elementos técnicos de acuerdo con los algoritmos de los motores de búsqueda, he fortalecido el rendimiento de búsqueda orgánica de mi sitio web, atrayendo tráfico relevante de gigantes de búsqueda como Google, Bing y Yahoo.

El SEO combinado con contenido relevante e interesante, ahora llamado marketing de contenido, ha surgido como una fuerza potente en mi búsqueda para involucrar y resonar con mi audiencia. A través de la creación y difusión de contenido estratégico, que va desde artículos informativos y guías hasta videos cautivadores e infografías, he posicionado mi sitio web como un recurso imprescindible adaptado a los intereses y necesidades de mi audiencia. Al entregar consistentemente contenido relevante y de alta calidad en diversas plataformas, incluidas las redes sociales y los boletines de correo electrónico, he ampliado mi alcance y nutrido relaciones duraderas con mi audiencia.

Las plataformas de redes sociales se han convertido en herramientas indispensables para mejorar la visibilidad de la marca y fomentar conexiones significativas con audiencias diversas en el panorama digital. Al cultivar activamente una presencia sólida en plataformas líderes como Facebook, Instagram, Twitter y LinkedIn, he podido nutrir compromisos auténticos, compartir contenido convincente derivado de mi sitio web y aprovechar estrategias de publicidad tanto pagadas como orgánicas para ampliar la exposición de mi marca y dirigir tráfico de regreso a mi sitio web.

Comprender las demografías únicas y los comportamientos de los usuarios asociados con cada plataforma de redes sociales ha sido esencial para adaptar mi enfoque y participar de manera efectiva con diferentes segmentos de audiencia. Por ejemplo, Facebook cuenta con una amplia base de usuarios que abarca diferentes grupos de edad, lo que lo convierte en una plataforma ideal para llegar a una demografía de audiencia diversa. En contraste, Instagram atrae predominantemente a un público más joven, lo que lo convierte en una plataforma ideal para contenido visualmente atractivo y colaboraciones con influencers dirigidas a millennials y Gen Z. Twitter, con su feed en tiempo real y temas trending, ofrece oportunidades para el compromiso y la conversación inmediatos, mientras que LinkedIn proporciona un entorno de networking profesional adecuado para interacciones B2B y liderazgo en la industria.

Además, el uso de publicidad dirigida en estas plataformas permite una segmentación precisa de la audiencia basada en demografía, intereses y comportamientos, asegurando que los esfuerzos promocionales se dirijan a aquellos más propensos a interactuar y beneficiarse del contenido o las ofertas presentadas. Al adoptar un enfoque estratégico y diversificado para el marketing en redes sociales, he podido maximizar la visibilidad de la marca y fomentar conexiones genuinas con mi audiencia.

Además de las redes sociales, el marketing por correo electrónico sigue representando una parte importante de mi arsenal de marketing digital, proporcionando una línea directa de comunicación para interactuar con suscriptores y nutrir relaciones con el tiempo al dirigir a los usuarios de regreso a mis perfiles en redes sociales y finalmente a mi sitio web. A través de campañas de correo electrónico estratégicas, contenido personalizado y una meticulosa optimización del diseño y la entregabilidad, he logrado tasas de compromiso y conversiones más altas.

Las newsletters por correo electrónico son herramientas poderosas para que las empresas interactúen con su audiencia. Sin embargo, lograr que los usuarios se suscriban a las newsletters, ya sea en línea o fuera de línea, requiere estrategias bien pensadas y tácticas efectivas. Permíteme compartir las siguientes tácticas que he utilizado con éxito en el pasado para fomentar las suscripciones a las newsletters tanto en el mundo digital como en el físico.

Estrategias en línea :

1. **Ventanas emergentes atractivas en el sitio web:** Implementar ventanas emergentes llamativas en tu sitio web puede captar la atención de los visitantes y animarlos a suscribirse a tu boletín informativo. Ofrece incentivos como descuentos, recursos gratuitos o contenido exclusivo para incentivar las suscripciones.
2. **Formularios de registro en páginas de destino:** Coloca estratégicamente formularios de registro en tus páginas de destino, asegurándote de que sean prominentes y fáciles de completar. Comunica claramente los beneficios de suscribirse a tu boletín informativo y tranquiliza a los usuarios sobre la privacidad y la frecuencia de los correos electrónicos.

3. **Actualizaciones de contenido:** Ofrece actualizaciones de contenido valiosas, como libros electrónicos, guías o plantillas, a cambio de suscripciones por correo electrónico. Adapta estas actualizaciones a publicaciones de blog o artículos específicos para maximizar la relevancia y el atractivo para los intereses de tu audiencia.
4. **Promoción en redes sociales:** Aprovecha tus canales de redes sociales para promocionar tu boletín informativo y fomentar las suscripciones. Comparte adelantos del contenido del boletín, realiza concursos o sorteos exclusivos para suscriptores e incluye enlaces de registro en tus historias y publicaciones en redes sociales.
5. **Llamado a la acción en la firma de correo electrónico:** Agrega un llamado a la acción (Call-To-Action) y un enlace de registro a tu firma de correo electrónico para aprovechar todas las oportunidades de comunicación. Anima a los destinatarios a suscribirse a tu boletín para recibir actualizaciones, ofertas y contenido valioso.

Estrategias fuera de internet :

1. **Estaciones de registro en la tienda:** Configura estaciones de registro en tu tienda física o en eventos, ferias comerciales y conferencias. Proporciona tabletas o formularios de registro en papel junto con instruc-

ciones claras e incentivos para animar a los visitantes a suscribirse a tu boletín.

2. **Tarjetas de presentación y volantes**: Incluye un llamado a la acción para suscribirse a tu boletín en tus tarjetas de presentación, volantes y materiales promocionales. Ofrece un código QR o una URL acortada para acceder fácilmente a la página de registro.
3. **Patrocinios y colaboraciones en eventos**: Asóciate con eventos u organizaciones locales y patrocina sus actividades a cambio de exposición y la oportunidad de promocionar tu boletín. Configura puestos o exhibiciones con formularios de registro e interactúa con los asistentes para fomentar las suscripciones.
4. **Obsequios de productos de marca**: Ofrece productos de marca como bolígrafos, pegatinas o bolsas de tela en eventos o como parte de promociones. Incluye información sobre tu boletín y un código QR o URL para que los usuarios se suscriban.
5. **Networking y boca a boca**: Aprovecha las oportunidades de networking para correr la voz sobre tu boletín. Participa en conversaciones con clientes, socios y contactos de la industria, e invítalos a suscribirse para mantenerse actualizados sobre tus últimas noticias y ofertas.

Las estrategias efectivas para suscribirse al boletín requieren una combinación de tácticas en línea y fuera de línea para llegar y comprometerse con tu público objetivo de manera efectiva. Al implementar estrategias como estas, de manera reflexiva y constante, las empresas pueden construir una sólida base de suscriptores, cultivar relaciones con los clientes y lograr el éxito a largo plazo con sus boletines. Recuerda siempre enviar correos electrónicos transaccionales y recordatorios dirigidos a involucrar a los clientes, proporcionando información importante y fomentando acciones deseadas.

Los correos electrónicos transaccionales son mensajes desencadenados por acciones o eventos específicos, como una confirmación de compra, una actualización del estado del pedido, un restablecimiento de contraseña o un registro de cuenta. Estos correos electrónicos son altamente relevantes y sensibles al tiempo, ya que brindan información esencial directamente relacionada con la interacción del usuario con un sitio web o aplicación. Los correos electrónicos transaccionales suelen tener altas tasas de apertura porque los destinatarios los esperan y anticipan. Sirven para confirmar transacciones, proporcionar recibos y entregar actualizaciones importantes, mejorando la experiencia del cliente e infundiendo confianza en la marca.

> *"Siempre puedes incluir uno o dos anuncios con fines de venta cruzada de productos en tus comunicaciones."*

Los correos electrónicos de recordatorio se envían para recordar a los usuarios eventos importantes, plazos o acciones que necesitan realizar. Estos pueden incluir recordatorios de citas, invitaciones a eventos, renovaciones de suscripciones, recordatorios de carritos abandonados o notificaciones de ventas próximas. El objetivo de los correos electrónicos de recordatorio es incitar a los destinatarios a completar una acción deseada o interactuar más con la marca. Al enviar recordatorios oportunos, las empresas pueden aumentar las conversiones, reducir la pérdida de clientes y mejorar las tasas de retención de clientes. Los correos electrónicos de recordatorio deben ser personalizados, concisos e incluir llamadas claras a la acción para animar a los destinatarios a tomar la acción deseada rápidamente.

Colaborar con empresas complementarias a través de menciones en correos electrónicos puede ser otra forma estratégica de expandir tu alcance y llegar a nuevas audiencias. Al intercambiar menciones en correos electrónicos, puedes aprovechar la base de clientes y la credibilidad mutua para obtener exposición y dirigir tráfico a tus respectivos sitios web u ofertas. Ya sea a través de promociones conjuntas, campañas de marketing colaborativo o menciones en boletines, asociarse con empresas que comparten un público objetivo similar puede resultar en resultados mutuamente beneficiosos. Este enfoque colaborativo no solo mejora la visibilidad de la marca, sino que también fomenta la buena voluntad y la confianza entre los clientes.

Si bien el marketing por correo electrónico puede ser rentable e incluso gratuito, existen formas alternativas de publicidad, como la publicidad de Pago-Por-Clic (PPC), que ofrecen ventajas y estrategias distintas para llegar a audiencias objetivo. Ya sea en forma de texto o video, proporciona un medio dinámico y versátil para conectarme con mi audiencia prevista con precisión y control sin igual. Aprovechando plataformas como Google Ads y Bing Ads, he aprovechado el potencial de las campañas de PPC no solo para generar tráfico, sino también para mejorar las tasas de conversión y optimizar el retorno de la inversión (ROI). Este logro proviene de un enfoque estratégico que implica una investigación meticulosa de palabras clave, técnicas de optimización de anuncios y una vigilancia constante del rendimiento.

Al adentrarme en las campañas de PPC, la piedra angular radica en seleccionar las palabras clave más pertinentes que resuenen con mi demografía objetivo. A través de una investigación y análisis exhaustivos, se identifican palabras clave con alta relevancia y volumen de búsqueda, asegurando que mis anuncios se muestren a usuarios que buscan activamente productos o servicios como los míos. Además, la óptima optimización del contenido y la estructura del anuncio garantiza que mis mensajes sean convincentes, atractivos y adaptados para incitar a la acción por parte de los espectadores.

El éxito de las campañas de PPC no radica únicamente en su inicio, sino también en su gestión y optimización continua. El monitoreo riguroso de métricas de rendimiento, como las tasas de clics (CTR), las tasas de conversión y el costo por clic (CPC), permite ajustes en tiempo real para maximizar la eficiencia y la efectividad. A través de la refinación iterativa de los parámetros de segmentación, la creatividad de los anuncios y las estrategias de puja, ajusto continuamente mis campañas de PPC para extraer el máximo valor y ofrecer resultados óptimos.

En esencia, la publicidad de PPC ofrece un conjunto de herramientas potentes para impulsar el tráfico dirigido, aumentar las conversiones y optimizar el ROI. A través de una planificación estratégica, una ejecución meticulosa y una optimización continua, puedes aprovechar todo el potencial del PPC para impulsar tu presencia en línea y lograr objetivos comerciales generales.

Otro método efectivo para promocionar tu sitio web es a través del marketing de afiliación o afiliados, el cual me ha permitido diversificar mis flujos de ingresos y capitalizar el tráfico de mi sitio web de manera altamente eficiente. A través de una colaboración astuta con programas de afiliación pertinentes, he desbloqueado el potencial para monetizar mi presencia en línea con destreza. Esta relación simbiótica implica respaldar de manera transparente productos o servicios que se alinean perfectamente con los intereses y necesidades de mi audiencia, fomentando un sentido de confianza y credibilidad entre mis seguidores.

La esencia del marketing de afiliación radica en el cultivo de asociaciones estratégicas que resuenen auténticamente con la identidad y valores de mi marca. Al seleccionar cuidadosamente programas de afiliación que ofrecen productos o servicios de un valor genuino para mi audiencia, me aseguro de que mis esfuerzos promocionales permanezcan éticos e impactantes. Este enfoque no solo cultiva una base de audiencia leal y comprometida, sino que también fomenta un sentido de integridad y autenticidad en mis esfuerzos de marketing.

La belleza del marketing de afiliación radica en su capacidad para generar ingresos pasivos, lo que me permite aprovechar el tráfico de mi sitio web para impulsar ingresos sin la necesidad de participación activa en el desarrollo o cumplimiento de productos. A través de la colocación estratégica de enlaces de afiliados, reseñas de productos convincentes y recomendaciones basadas en el valor, integro sin problemas contenido promocional en el ecosistema de mi sitio web, mejorando la experiencia del usuario mientras monetizo el tráfico orgánico.

Similar al marketing de influencers, el marketing de afiliación opera sobre un principio similar. Hoy en día, el marketing de influencers se ha vuelto cada vez más prominente como una estrategia dinámica y potente, proporcionando una vía directa para mejorar la visibilidad y participación de la marca. A través de la colaboración estratégica con influencers de redes sociales y creadores de contenido que resuenan con mi audiencia, he aprovechado la credibilidad y la influencia inherentes que poseen estos líderes de opinión digitales. El marketing de influencers radica en el arte de forjar asociaciones auténticas y mutuamente beneficiosas con influencers que tienen una conexión genuina con sus seguidores. Al alinearme con influencers cuyos valores, intereses y demografía de audiencia se alinean estrechamente con mi marca, he podido aprovechar su alcance y confianza existentes para amplificar mi mensaje y extender el alcance de mi marca.

Una táctica particularmente efectiva dentro del marketing de influencers implica aprovechar el poder de los webinars en colaboración con influencers. Estos eventos en línea en vivo e interactivos sirven como plataforma para que los influencers compartan su experiencia, ideas y recomendaciones con su audiencia en tiempo real. Al coorganizar webinars con influencers relevantes para mi nicho, he podido aprovechar su autoridad y experiencia para ofrecer contenido de alto valor que resuena profundamente con sus seguidores.

A través de estos webinars colaborativos, no solo he ampliado la visibilidad y credibilidad de mi marca, sino que también he fomentado un compromiso significativo y confianza con una audiencia altamente específica. Al proporcionar ideas valiosas, consejos prácticos y ofertas exclusivas durante estos webinars, he cultivado un sentido de autenticidad y autoridad en torno a mi marca, impulsando el tráfico, conversiones y lealtad a largo plazo en el proceso.

En esencia, el marketing de influencers, junto con el uso estratégico de webinars, ha demostrado ser una combinación potente para amplificar la conciencia de marca, el compromiso y la credibilidad en el paisaje digital actualmente abarrotado.

Comprender las complejidades y sinergias entre diversos canales de marketing en Internet ha sido fundamental para esculpir mi enfoque de marketing digital y alcanzar mis objetivos en línea. A través de la amalgama estratégica de diversos canales como SEO, marketing de contenido, redes sociales, correo electrónico, publicidad PPC, marketing de afiliación y colaboraciones con influencers, no solo he amplificado mi visibilidad en línea, sino que también he fortalecido el compromiso y las conversiones. Esta estrategia integral ha permitido que mi sitio web prospere y florezca en medio del dinámico y competitivo panorama digital.

Además, la incorporación de aplicaciones de Facebook en mi arsenal de marketing ha aumentado aún más mis esfuerzos de distribución de contenido y alcance. El aprovechamiento de estas aplicaciones como herramientas potentes para el marketing y la difusión de contenido me ha permitido ampliar el alcance de mi marca, conectarme de manera más efectiva con mi audiencia objetivo y fomentar un compromiso significativo en diferentes grupos demográficos. Al integrar tácticamente las aplicaciones de Facebook en mi estrategia de marketing general, he abierto nuevas vías para el compromiso y la interacción, impulsando mi presencia en línea a nuevas alturas.

Creación y gestión de un blog para marketing de contenidos

Crear y gestionar un blog para el marketing de contenido ha sido importante en mi estrategia de marketing en línea. A través del arte de contar historias, el liderazgo y la creación de contenido orientado al valor, he aprovechado mi blog como una poderosa herramienta para involucrar a la audiencia, construir autoridad de marca y aumentar el tráfico del sitio web. Permíteme compartir mis experiencias y conocimientos sobre el proceso de crear un blog convincente que sirva como piedra angular de mis esfuerzos de marketing de contenido.

En el corazón de cada blog exitoso yace una estrategia de contenido bien definida. Antes de sumergirme en la creación de contenido, me tomé el tiempo para definir mi audiencia objetivo, identificar sus puntos de dolor y comprender sus preferencias. Armado con este conocimiento, desarrollé un calendario de contenido que delineaba temas, y horarios de publicación alineados con los intereses de mi audiencia y mis objetivos comerciales. Al enfocarme en ofrecer contenido valioso y relevante que resuene con mi audiencia, he podido atraer y retener lectores mientras aumento el tráfico orgánico a mi sitio web.

Con mi estrategia de contenido en su lugar, me propuse crear publicaciones de blog que informen, inspiren y comprometan a mi audiencia. Desde guías informativas sobre cómo hacer algo y conocimientos de la industria hasta contar historias convincentes y artículos de opinión que invitan a la reflexión, he diversificado mi mezcla de contenido para atender a diferentes segmentos de audiencia y formatos de contenido. Al priorizar la calidad sobre la cantidad y mantener un ritmo de publicación constante, he cultivado una base de lectores leales y me he posicionado como una fuente de información de confianza en mi nicho. Cada publicación de blog sirve como una oportunidad para mostrar mi experiencia, abordar los puntos de dolor del cliente y fomentar el compromiso a través de comentarios, compartidas en redes sociales, e interacciones sociales en general.

Nunca olvides los motores de búsqueda, la optimización para motores de búsqueda (SEO) juega un papel crucial en el aumento del tráfico orgánico a mi blog. He optimizado mis publicaciones de blog para palabras clave relevantes, etiquetas meta y elementos en la página, como imágenes y texto alternativo en las imágenes, para mejorar su visibilidad y clasificación en las páginas de resultados de los motores de búsqueda (SERP). Al realizar investigación de palabras clave, optimizar titulares y descripciones meta, e incorporar enlaces internos y externos, he mejorado la descubribilidad y accesibilidad de mi contenido de blog. Además, he adoptado formatos de contenido multimedia como videos, infografías y visuales interactivos para mejorar la experiencia del usuario y mejorar las clasificaciones en los motores de búsqueda.

"Texto alternativo, abreviado como "Alt Text" en inglés, es un atributo descriptivo añadido al código HTML para proporcionar una descripción textual de una imagen en una página web."

Crear un excelente contenido es solo el primer paso, promocionarlo de manera efectiva es igualmente importante. He aprovechado un enfoque multiplataforma para promocionar el contenido de mi blog en diversos canales digitales, incluidas las redes sociales, boletines de correo electrónico y comunidades en línea. Al compartir mis publicaciones de blog en plataformas como Facebook, Twitter, LinkedIn e Instagram, he ampliado mi alcance y aumentado la visibilidad de mi contenido a audiencias más amplias. Además, he cultivado una lista de suscriptores por correo electrónico comprometidos y aprovechado campañas de marketing por correo electrónico para dirigir el tráfico a mi blog y fomentar la participación de los lectores.

Construir una comunidad de blog próspera requiere un compromiso continuo e interacción con los lectores. He podido fomentar un diálogo bidireccional con mi audiencia al responder comentarios, abordar preguntas y solicitar comentarios sobre mis publicaciones del blog. Al participar activamente con los lectores en las redes sociales, participar en discusiones en línea y organizar sesiones de preguntas y respuestas en vivo, he podido profundizar las relaciones, construir confianza y cultivar un sentido de comunidad en torno a mi blog. Además, he fomentado contenido generado por usuarios como publicaciones de invitados, testimonios de lectores y reseñas generadas por usuarios para enriquecer el ecosistema de contenido y fomentar un sentido de propiedad entre mi audiencia.

Crear y gestionar un blog para el marketing de contenido ha sido un viaje transformador que me ha permitido conectar con audiencias, mostrar mi experiencia y aumentar el tráfico del sitio web a través de narrativas convincentes y contenido valioso. Al establecer una estrategia de contenido, crear contenido convincente, aplicar optimización para motores de búsqueda (SEO), promocionarlo en diferentes canales e interactuar con los lectores, he desbloqueado todo el potencial de mi blog como una poderosa herramienta para la construcción de marca, generación de leads y compromiso con los clientes. A medida que continúo evolucionando y refinando mi estrategia de blogging, me comprometo a seguir ofreciendo contenido de alta calidad que informe, inspire y resuene con mi audiencia, impulsando un crecimiento y éxito sostenibles.

Aprovechando los medios tradicionales sin conexión para lograr el éxito en línea

Al contrario de lo que algunas personas dicen o creen, los medios tradicionales no son reliquias del pasado, sino un tesoro esperando ser descubierto. Mi viaje al aprovechar los medios tradicionales para el éxito en línea ha sido verdaderamente esclarecedor. A pesar del atractivo de los canales digitales, los medios tradicionales, como la televisión, la radio, los periódicos y las revistas, aún tienen un gran impacto, ofreciendo oportunidades únicas para fortalecer la presencia en línea y obtener resultados tangibles.

Embarcarme en la tarea de promocionar mi sitio web fuera de línea fue como zarpar hacia aguas desconocidas. Acostumbrado a ganarme la vida en línea, esto era básicamente un mundo nuevo lleno de oportunidades creativas más allá del horizonte digital. Mientras que internet ofrece un alcance y accesibilidad ilimitados, descubrí que las técnicas de promoción fuera de línea y las integraciones proporcionan una manera tangible e inmersiva de conectarse con las audiencias en el mundo físico. Permíteme llevarte en un viaje a través de mis experiencias y conocimientos sobre cómo aprovechar las técnicas de promoción fuera de línea que complementaron y enriquecieron mis esfuerzos de marketing en línea.

Los eventos de networking y las conferencias se convirtieron en mis puertos de escala, brindándome la oportunidad de expandir mi red profesional, forjar relaciones significativas y captar clientes potenciales para mi sitio web. Mientras navegaba por reuniones específicas de la industria, ferias comerciales y seminarios, aprovechaba las oportunidades para mostrar mi experiencia y relacionarme con posibles clientes. Ya sea que estuviera en el escenario como ponente, manejando un stand de exhibición o simplemente relacionándome con otros asistentes, me aseguraba de distribuir tarjetas de presentación, folletos y volantes para dejar una impresión duradera. Después de cada evento, siempre priorizo la comunicación posterior al evento para cultivar clientes potenciales y aprovechar las oportunidades de networking. Ya sea a través de correos electrónicos personalizados, mensajes de texto o llamadas directas, mi objetivo es mantener el compromiso y fomentar relaciones que puedan generar ventas o referencias. Este enfoque proactivo no solo demuestra atención a los prospectos, sino que también garantiza que las conexiones hechas durante el evento se aprovechen de manera efectiva para futuras oportunidades comerciales.

Dependiendo del tipo de negocio, la participación en la comunidad local es imprescindible para establecer una fuerte presencia dentro del vecindario. Al involucrarme en patrocinios, asociaciones y eventos comunitarios, he mostrado mi compromiso con la comunidad local al mismo tiempo que conecto con el público a nivel local. Ya sea patrocinando una recaudación de fondos benéfica, organizando un taller o participando en un festival del vecindario, aproveché estas oportunidades para promover la misión y los valores de mi negocio.

La publicidad en televisión es un faro de alcance masivo y destreza narrativa. A través de comerciales de televisión cuidadosamente elaborados, he aprovechado el poder cautivador de la narración visual para mostrar las ofertas de mi sitio web a una amplia audiencia. El medio me permitió construir reconocimiento de marca, generar tráfico y trascender los límites digitales. Sin embargo, aunque la publicidad en televisión puede ser costosa para algunas empresas, la publicidad en radio demostró ser una compañera sólida para llegar a audiencias específicas con precisión y a un costo mucho menor, acelerando mi retorno de inversión. Con los anuncios en radio, conecté con oyentes en sus rutinas diarias, generando compromiso y conduciendo tráfico a través de una narración auditiva convincente.

La publicidad impresa y el correo directo también han demostrado ser herramientas confiables para dirigirme hacia audiencias específicas y fomentar el compromiso. A pesar de la era digital, he reconocido la influencia perdurable de los medios impresos, que van desde anuncios en periódicos y colocaciones en revistas hasta folletos y postales enviados por correo directo. A través de copias de anuncios convincentes y diseños visualmente llamativos, he captado con éxito la atención de los lectores y los he incitado a explorar más mi sitio web.

Además, he integrado tácticas de marketing guerrilla en mi estrategia, aprovechando métodos no convencionales y llamativos para promocionar mi negocio fuera de línea. Desde arte callejero y murales de tiza hasta flash mobs y trucos virales, he adoptado el marketing guerrilla como un medio para iniciar conversaciones y generar entusiasmo, tanto en línea como fuera de línea. Si bien estas tácticas pueden no ser adecuadas para todas las empresas, definitivamente vale la pena considerar su impacto potencial.

Asegurar apariciones en periódicos y revistas elevó la credibilidad y autoridad de mi sitio web. La cobertura editorial proporcionó valiosos enlaces de retroceso, pruebas sociales y validación de marca, impulsando el tráfico orgánico y mejorando los rankings en los motores de búsqueda. Las relaciones públicas y los medios siempre son útiles para navegar por los turbulentos mares de la cobertura de prensa y la exposición mediática obtenida. Al elaborar comunicados de prensa convincentes y cultivar relaciones con periodistas e influencers, puedes asegurar una valiosa cobertura mediática en periódicos, revistas, programas de televisión y publicaciones en línea. Hacerlo no solo es bueno para la exposición, sino que también beneficia tu SEO.

Como puedes ver, los canales de medios tradicionales no son reliquias del pasado, sino tesoros esperando ser descubiertos, ofreciendo oportunidades para complementar y enriquecer tus esfuerzos de marketing en línea.

"Recuerda, todo se trata de conectar con tu audiencia, sean quienes sean."

CAPÍTULO 9 - OPTIMIZACIÓN DE MOTORES DE BÚSQUEDA (SEO)

Escribir contenido optimizado para SEO

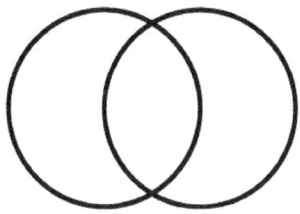

El contenido optimizado para SEO ha revolucionado las estrategias de marketing digital. Reconocer la importancia de la investigación de palabras clave y adaptar el contenido para cumplir con los algoritmos de los motores de búsqueda ha empoderado a empresas e individuos para mejorar la visibilidad de sus sitios web y atraer tráfico orgánico. Sin embargo, ya no se trata solo de crear un mapa del sitio. En el pasado, generar un mapa del sitio actuaba como una hoja de ruta para un sitio web, detallando todas sus páginas para ayudar a los usuarios y a los motores de búsqueda a navegar por su contenido. Ahora es diferente, exploremos los elementos fundamentales de la creación de contenido optimizado para SEO, comenzando con la investigación de palabras clave.

La investigación de palabras clave sirve como piedra angular de la creación de contenido optimizado para SEO. Implica identificar las palabras y frases específicas, conocidas como palabras clave, que los usuarios escriben en los motores de búsqueda cuando buscan información en línea. Estas palabras clave juegan un papel crucial en determinar el ranking de un sitio web en las páginas de resultados de los motores de búsqueda (SERP) y en atraer tráfico relevante.

Para iniciar el viaje de investigación de palabras clave, primero recurrí al confiable Google Keyword Planner. Esta herramienta invaluable ofreció una gran cantidad de información sobre volumen de búsqueda, competencia y variaciones de palabras clave, lo que me permitió identificar palabras clave de alto potencial pertinentes para mi nicho. Simplemente ingresando palabras clave primarias asociadas con mi negocio, producto o servicio, obtuve acceso a una amplia variedad de palabras clave relacionadas junto con sus métricas de búsqueda correspondientes.

Además, exploré otras herramientas gratuitas como Ubersuggest y Keyword Tool, que proporcionaron más sugerencias de palabras clave y conocimientos para refinar mi estrategia. Para características más avanzadas y análisis profundos, también investigué otras opciones como SEMrush y Ahrefs, que ofrecían datos completos de palabras clave, análisis competitivo y capacidades de seguimiento de tendencias.

Al realizar la investigación de palabras clave, adopté un enfoque estratégico para identificar palabras clave con un volumen de búsqueda óptimo y niveles de competencia. Mi objetivo era encontrar un equilibrio entre palabras clave amplias con alto volumen de búsqueda y palabras clave específicas con menor competencia. Al diversificar mi cartera de palabras clave y apuntar a una combinación de palabras clave amplias y específicas de nicho, optimicé mis posibilidades de clasificar para consultas de búsqueda relevantes y atraer tráfico calificado a mi sitio web.

Además, aproveché Google Trends para obtener una comprensión más profunda de las tendencias de palabras clave y las variaciones estacionales. Esta valiosa herramienta me permitió rastrear la popularidad de palabras clave específicas a lo largo del tiempo, identificar tendencias emergentes y adaptar mi estrategia de contenido en consecuencia. Al mantenerme informado sobre los cambios en el comportamiento de búsqueda de los usuarios y las tendencias de la industria, permanecí ágil y receptivo en mi enfoque de la orientación de palabras clave.

Una vez armado con una lista exhaustiva de palabras clave objetivo, las integré estratégicamente en mi proceso de creación de contenido. En lugar de recurrir al relleno de palabras clave, una práctica desaprobada por los motores de búsqueda, me centré en crear contenido de alta calidad, informativo y atractivo que incorporara naturalmente las palabras clave objetivo. Desde publicaciones de blog y descripciones de productos hasta páginas de destino y etiquetas meta, me aseguré de que cada pieza de contenido estuviera optimizada para palabras clave relevantes manteniendo la legibilidad y la experiencia del usuario.

Además de las palabras clave principales, también exploré las palabras clave de cola larga, que son frases específicas que atienden a segmentos de audiencia de nicho. Las palabras clave de cola larga suelen tener un volumen de búsqueda más bajo pero una intención más alta, lo que las convierte en activos valiosos para capturar tráfico dirigido y aumentar las conversiones. Al identificar oportunidades de palabras clave de cola larga relacionadas con mi nicho, amplié el alcance de mi contenido y atraje visitantes altamente motivados con consultas de búsqueda específicas.

Asegurarse de que las palabras clave se integren estratégicamente en todo su sitio web es muy importante para optimizar su visibilidad y clasificaciones en los motores de búsqueda. Estas palabras clave deben entrelazarse sin problemas a través de varios elementos, incluidas las descripciones meta, los títulos, los subtítulos y el contenido del sitio web en sí. Por ejemplo, si tiene un negocio de cuidado de mascotas en la ciudad de Nueva York, incorporar palabras clave como "servicios de cuidado de mascotas en NYC" en sus descripciones meta y títulos puede mejorar la relevancia de su sitio web para búsquedas locales. Vincular estas palabras clave a páginas relevantes dentro de su sitio no solo mejora la navegación, sino que también señala a los motores de búsqueda la importancia de esas páginas. Este enfoque cohesivo para la integración de palabras clave mejora tanto la experiencia del usuario como la optimización para motores de búsqueda, impulsando en última instancia el tráfico orgánico y aumentando la presencia en línea de su sitio web.

"¡Es una ventaja si su nombre de dominio incluye su palabra clave principal!"

A medida que refinaba continuamente mi estrategia de contenido optimizado para SEO, mantuve un estrecho seguimiento de las métricas clave de rendimiento, incluidas las clasificaciones de palabras clave, el tráfico orgánico y la participación de los usuarios. Estas métricas ofrecen ideas valiosas sobre la efectividad de mis esfuerzos de orientación de palabras clave y guían las estrategias futuras de optimización de contenido. Para monitorear las clasificaciones de palabras clave, utilicé herramientas como SEMrush o Ahrefs, que proporcionan informes detallados sobre las posiciones de palabras clave en las páginas de resultados de los motores de búsqueda (SERP). Para el seguimiento del tráfico orgánico, Google Analytics es una opción confiable y gratuita que ofrece datos completos sobre las fuentes de tráfico del sitio web y el comportamiento del usuario. Además, herramientas como Moz o SimilarWeb ofrecen información sobre métricas de participación de usuarios, como la tasa de rebote, el tiempo en la página y las páginas por sesión. Al monitorear regularmente estas métricas y ajustar mi estrategia de contenido en consecuencia, me aseguré de que mi sitio web permaneciera competitivo en Internet.

Escribir contenido optimizado para SEO es un proceso multifacético que comienza con una investigación de palabras clave estratégica y culmina en la creación de contenido de alta calidad centrado en el usuario. Al comprender los matices de la orientación de palabras clave, aprovechar las oportunidades de palabras clave de cola larga y priorizar la experiencia del usuario, he podido mejorar la visibilidad de mi sitio web, atraer tráfico orgánico y lograr un crecimiento sostenible en las clasificaciones de los motores de búsqueda.

Implementación de estrategias SEM para la visibilidad

Implementar una estrategia de marketing en motores de búsqueda (SEM) también es un aspecto importante de cualquier viaje de marketing digital, hacerlo me ha permitido mejorar la visibilidad, dirigir tráfico específico y lograr resultados tangibles para mi sitio web. Exploraremos el mundo del SEM y mis estrategias para maximizar la visibilidad y la participación en plataformas de motores de búsqueda.

El marketing en motores de búsqueda (SEM) es una estrategia integral de marketing digital destinada a aumentar la visibilidad de un sitio web en las páginas de resultados de los motores de búsqueda (SERPs) mediante publicidad pagada y tácticas orgánicas. Si bien el SEM abarca varios enfoques, su enfoque principal está en las campañas de publicidad pagada que se dirigen a palabras clave específicas relevantes para un negocio o sitio web. Uno de los componentes clave del SEM es la publicidad de pago por clic (PPC), donde los anunciantes compiten por palabras clave y pagan una tarifa cada vez que se hace clic en su anuncio. Los anuncios PPC suelen aparecer en la parte superior o inferior de las páginas de resultados de los motores de búsqueda, marcados como "patrocinados" o "anuncio", ofreciendo a los anunciantes una visibilidad prominente y el potencial de dirigir tráfico inmediato a sus sitios web.

Además de los anuncios PPC, el SEM abarca la publicidad en display, una estrategia donde se colocan anuncios visuales en sitios web dentro de una red de editores. Proveedores como Google Display Network, Facebook Ads y LinkedIn Ads ofrecen plataformas para mostrar estos anuncios, que pueden incluir banners, imágenes o contenido multimedia interactivo. Estos anuncios se colocan estratégicamente en sitios web que atraen a la audiencia objetivo, lo que permite a los anunciantes ampliar su alcance más allá de las páginas de resultados de los motores de búsqueda. La publicidad en display mejora la visibilidad de la marca y genera tráfico a través de contenido visualmente atractivo, creando oportunidades para que los anunciantes se conecten con su audiencia de manera más dinámica e interactiva. Otras formas de promoción pagada en SEM incluyen la publicidad en redes sociales, donde se muestran anuncios en plataformas de redes sociales como Facebook, Instagram y LinkedIn para dirigirse a demografías, intereses y comportamientos específicos. Las campañas de recomercialización o reorientación también son comunes en SEM, donde se muestran anuncios a usuarios que han visitado previamente un sitio web, animándolos a regresar y completar una acción deseada, como realizar una compra o suscribirse a un boletín informativo. Al aprovechar una combinación de PPC, anuncios en display, publicidad en redes sociales y campañas de reorientación, el SEM ofrece un enfoque integral para impulsar el tráfico dirigido a los sitios web y maximizar las oportunidades de visibilidad en línea y de conversión.

Aquí hay algunas estrategias clave que he empleado para aprovechar el SEM para visibilidad y éxito:

1. **Investigación y selección de palabras clave:** Antes de lanzar cualquier campaña de SEM, realicé una investigación exhaustiva de palabras clave para identificar términos de búsqueda relevantes con alto potencial comercial. Al dirigirme a palabras clave que se alinearan con los objetivos de mi negocio y resonaran con mi audiencia objetivo, maximicé la efectividad de mis campañas publicitarias y garanticé un ROI óptimo. Me centré en seleccionar una combinación de palabras clave amplias y competitivas, así como palabras clave específicas de cola larga para capturar segmentos de audiencia diversos y dirigir tráfico específico a mi sitio web.
2. **Optimización del texto de los anuncios:** Crear texto de anuncio convincente es esencial para captar la atención de los usuarios y generar clics. Invertí tiempo y esfuerzo en redactar texto de anuncio conciso y persuasivo que resaltara las propuestas de valor únicas de mis productos o servicios. Al incorporar palabras clave relevantes, llamadas a la acción convincentes y mensajes atractivos, aumenté la probabilidad de que los usuarios hicieran clic en mis anuncios y exploraran mi sitio web más a fondo.
3. **Posicionamiento de los anuncios y estrategia de puja:** Lograr un posicionamiento óptimo de los anun-

cios en los resultados de los motores de búsqueda requiere una estrategia de puja cuidadosa y una optimización continua. Supervisé de cerca las métricas de rendimiento de los anuncios, como la tasa de clics (CTR), la tasa de conversión y el costo por clic (CPC), para evaluar la efectividad de mi estrategia de puja. Al ajustar las pujas en función del rendimiento de las palabras clave, los niveles de competencia y consideraciones de presupuesto, optimicé el posicionamiento de los anuncios y maximicé la visibilidad en los SERP.

4. **Extensiones y mejoras de los anuncios**: Para mejorar la visibilidad y el atractivo de mis anuncios, aproveché varias extensiones y mejoras de anuncios ofrecidas por las plataformas de motores de búsqueda. Estas extensiones, como enlaces de sitio, llamadas destacadas y fragmentos estructurados, me permitieron proporcionar información adicional, destacar características del producto y fomentar la participación del usuario directamente dentro del anuncio. Al incorporar extensiones relevantes adaptadas a los objetivos de mi campaña, mejoré la visibilidad del anuncio y animé a los usuarios a tomar acción.

5. **Segmentación de audiencia dirigida**: La segmentación efectiva de la audiencia es esencial para llegar a los usuarios adecuados con las campañas de SEM. Segmenté mi audiencia objetivo en función de atributos demográficos, intereses y comportamientos en línea para ofrecer experiencias de anuncio personali-

zadas adaptadas a sus necesidades y preferencias. Al refinar los parámetros de segmentación de la audiencia y alinear el contenido del anuncio con segmentos de audiencia específicos, maximicé la relevancia y la participación, lo que finalmente resultó en tasas de conversión y ROI más altas.

6. **Seguimiento y optimización del rendimiento:** El monitoreo continuo y la optimización son componentes críticos de las campañas de SEM exitosas. Supervisé regularmente indicadores clave de rendimiento (KPI), como impresiones de anuncios, clics, conversiones y ROI, para evaluar la efectividad de la campaña e identificar áreas de mejora. Al analizar los datos de rendimiento, realizar pruebas A/B y refinar el contenido creativo del anuncio y los parámetros de segmentación, optimicé de manera iterativa mis campañas de SEM para lograr resultados óptimos y fomentar un crecimiento continuo.

Como evidencia mi experiencia, integrar estrategias de SEM ha sido fundamental para elevar la visibilidad, dirigir tráfico personalizado y alcanzar objetivos de marketing para mi sitio web. Al optimizar mis campañas de SEM, he logrado resultados tangibles de manera efectiva. A medida que persisto en perfeccionar mi enfoque de SEM y adaptarme a cambios dinámicos en el mercado, mi dedicación a aprovechar el SEM como un instrumento potente para aumentar la presencia en línea y estimular conversiones permanece inquebrantable.

Creación de vínculos de retroceso de calidad y SEO fuera de la página

Construir enlaces de calidad implica adquirir enlaces de sitios web externos hacia el propio sitio. Estos enlaces actúan como "votos de confianza" de otros sitios web, indicando a los motores de búsqueda que tu contenido es valioso y digno de ser citado. Cuantos más enlaces de alta calidad tengas de sitios web autorizados y relevantes, mayor será la autoridad de tu sitio web a ojos de los motores de búsqueda.

La autoridad, en el contexto del SEO, se refiere a la confiabilidad percibida, experiencia y credibilidad de un sitio web en una área o industria específica. Los sitios web con mayor autoridad tienen más probabilidades de clasificar más alto en las páginas de resultados de los motores de búsqueda porque los motores de búsqueda priorizan las fuentes autorizadas al ofrecer resultados de búsqueda a los usuarios.

La clasificación se refiere a la posición de un sitio web o página web en las páginas de resultados de los motores de búsqueda para consultas de búsqueda específicas. El objetivo del SEO es mejorar la clasificación de un sitio web o página web para que aparezca más alto en los resultados de búsqueda, idealmente en la primera página. Una clasificación más alta aumenta la visibilidad y el tráfico orgánico al sitio web, lo que conduce a más oportunidades de participación y conversiones.

Comprendiendo la importancia de los vínculos de retroceso (Backlinks)

Los backlinks, o enlaces entrantes, son hipervínculos que provienen de sitios web externos y dirigen a los usuarios a páginas de tu propio sitio web. Dado que los motores de búsqueda consideran los backlinks como indicadores de credibilidad y autoridad, comprender su importancia es crucial. Por lo tanto, te animo a que priorices el establecimiento de una colección diversa de backlinks de alta calidad procedentes de sitios web respetados dentro de tu nicho de la industria. Permíteme esbozar mi lista de verificación de seis puntos para los backlinks.

1. **Tácticas estratégicas de construcción de enlaces:** Para adquirir backlinks de calidad, utilicé una variedad de tácticas estratégicas de construcción de enlaces dirigidas a obtener enlaces naturales y relevantes de fuentes autorizadas. Estas tácticas incluyeron publicaciones de invitados, alcance a influencers y bloggers de la industria, participación en foros y comunidades en línea, inclusión en directorios de negocios locales y creación de contenido compartible y digno

de enlace, como infografías, guías y estudios de caso. Al ofrecer ideas valiosas, experiencia y recursos a las audiencias objetivo, cultivé relaciones mutuamente beneficiosas y obtuve backlinks de sitios web respetados con una alta autoridad de dominio.

2. **Enfoque en la relevancia y autoridad:** Al construir backlinks, prioricé la relevancia y autoridad para garantizar el máximo impacto en las clasificaciones de los motores de búsqueda. Busqué oportunidades para adquirir backlinks de sitios web dentro de mi nicho de la industria o temas relacionados, como sitios de organizaciones comerciales, ya que estos enlaces tienen mayor peso y relevancia a los ojos de los motores de búsqueda. Además, me dirigí a sitios web con alta autoridad de dominio, ya que los backlinks de fuentes autorizadas son más valiosos para impulsar la credibilidad y clasificación de mi sitio web.

3. **Estrategias de adquisición de enlaces naturales:** En lugar de recurrir a tácticas manipuladoras o spam, me enfoqué en estrategias naturales de adquisición de enlaces que cumplen con las pautas y mejores prácticas de los motores de búsqueda. Enfaticé la creación de contenido compartible de alta calidad que naturalmente atrae enlaces y participación de los usuarios. Al producir consistentemente contenido valioso, informativo y convincente, obtuve backlinks orgánicos de sitios web respetados y fomenté una reputación positiva dentro de mi industria.

4. **Monitoreo y análisis del perfil de backlinks:** Monitorear y analizar constantemente mi perfil de backlinks jugó un papel crucial en la evaluación de la calidad, diversidad y relevancia de los enlaces entrantes. Dependí de una variedad de herramientas y plataformas de análisis para realizar un seguimiento de métricas de backlinks como la autoridad de dominio, distribución de texto de anclaje y dominios de referencia. Una buena herramienta de software para monitorear y analizar perfiles de backlinks es Ahrefs. Proporciona información completa sobre métricas de backlinks como autoridad de dominio, distribución de texto de anclaje, dominios de referencia y más. Otras herramientas populares incluyen Link Explorer de Moz, SEMrush y Majestic. Estas herramientas ofrecen diversas características para realizar un seguimiento de backlinks, evaluar su calidad e identificar oportunidades de mejora en tu perfil de backlinks. Este enfoque integral me permitió identificar y rectificar cualquier backlink de baja calidad o spam, asegurando un perfil de backlinks saludable y minimizando la probabilidad de penalizaciones por parte de los motores de búsqueda.
5. **Diversificación del texto de anclaje:** En la optimización de mi perfil de backlinks, diversifiqué el uso de texto de anclaje para garantizar patrones de enlace naturales y orgánicos y evitar penalizaciones por sobre optimización. En lugar de depender únicamente del texto de anclaje de coincidencia exacta (el texto

para dar clic en un hipervínculo), incorporé variaciones como anclas de marca, URLs sin formato y frases genéricas para mantener un perfil de enlaces equilibrado y natural. Este enfoque ayudó a mejorar la relevancia y entorno de los backlinks al tiempo que reducía el riesgo de penalizaciones algorítmicas.

6. **Monitoreo y adaptación continua**: El SEO es un proceso continuo y el panorama de la construcción de backlinks está en constante evolución. Permanecí vigilante y adaptable, monitoreando continuamente los cambios en los algoritmos de los motores de búsqueda, las tendencias de la industria y las estrategias de los competidores. Al mantenerme informado y proactivo, pude adaptar mis tácticas de construcción de enlaces, refinar mis estrategias de SEO fuera de la página y mantener una ventaja competitiva en el mundo del SEO en constante cambio.

Construir backlinks de calidad y optimizar los elementos fuera de la página son componentes esenciales de una estrategia de SEO integral destinada a mejorar las clasificaciones en los motores de búsqueda, aumentar el tráfico orgánico y mejorar la visibilidad en línea.

"Adquiere backlinks desde sitios web de instituciones educativas (.EDU) y sitios gubernamentales (.GOV) para obtener credibilidad adicional y mejorar el rango de tu sitio web."

Aprovechar las redes sociales para obtener beneficios de SEO

Integrar las redes sociales en las estrategias de SEO se ha convertido en un componente indispensable de los esfuerzos modernos de marketing digital. A través de una alineación estratégica con las plataformas de redes sociales, he sido testigo de primera mano del profundo impacto en la visibilidad de la marca, la generación de tráfico orgánico y el mejoramiento del ranking en los motores de búsqueda. Al orquestar una sinergia armoniosa entre el compromiso en las redes sociales y las iniciativas de SEO, he abierto nuevos caminos para llegar e interactuar con las audiencias objetivo mientras refuerzo la presencia en línea de mi marca.

Las señales sociales, que incluyen likes, compartidos, comentarios y métricas de compromiso en las plataformas de redes sociales, son indicadores pivote de la credibilidad y relevancia de un sitio web. Estas señales reflejan el nivel de interacción y respaldo que el contenido recibe de los usuarios dentro de la esfera social. Esencialmente, representan la huella digital de cómo los usuarios perciben e interactúan con el contenido compartido en varias plataformas de redes sociales. Al interactuar activamente con la audiencia y fomentar interacciones significativas, los propietarios de sitios web pueden cultivar una sólida presencia en redes sociales y generar señales sociales que signifiquen confiabilidad y autoridad para los motores de búsqueda. A medida que los algoritmos de búsqueda consideran cada vez más las señales sociales al clasificar los sitios web, priorizar el compromiso en las redes sociales se ha vuelto fundamental para mejorar la visibilidad en línea y la credibilidad.

Las redes sociales sirven como un canal poderoso para amplificar el alcance y la visibilidad del contenido de cualquier sitio web. Cada vez que publico nuevas entradas de blog, artículos, infografías o contenido multimedia en mi sitio web, aprovecho las redes sociales para difundir y promocionar ese contenido a una audiencia más amplia. Al compartir contenido convincente y relevante en mis perfiles de redes sociales, he podido dirigir el tráfico de regreso a mi sitio web de forma gratuita, atraer nuevos visitantes y aumentar la probabilidad de obtener backlinks de usuarios y líderes de opinión en las redes sociales. Recuerda que los backlinks son una parte importante de SEO y del ranking en los SERPs.

Perfiles sociales optimizados y construcción de enlaces

He mejorado estratégicamente mis perfiles en redes sociales al incorporar palabras clave pertinentes, visuales de marca y enlaces a mi sitio web, amplificando su capacidad de descubrimiento y significado en SEO. También he aprovechado los hashtags para asegurarme de que mi contenido llegue a audiencias relevantes y obtenga visibilidad en todas las plataformas. Cada perfil en redes sociales sirve como un activo digital fundamental, enriqueciendo mi huella en línea y fortaleciendo los esfuerzos de construcción de enlaces. Al integrar URLs de mi sitio web en biografías, publicaciones y descripciones de perfil, he cultivado vías adicionales para que los usuarios accedan fácilmente a mi sitio web, aumentando así el tráfico de referencia y reforzando la credibilidad y autoridad de mi sitio web ante los motores de búsqueda.

Compromiso y construcción comunitaria

La construcción de una comunidad comprometida y leal de seguidores en las redes sociales ha sido fundamental para obtener beneficios en SEO. Priorizo interacciones significativas, conversaciones y compromiso con mi audiencia para fomentar un sentido de comunidad y lealtad hacia la marca. Al responder rápidamente a los comentarios, mensajes y consultas, he cultivado relaciones positivas con seguidores e influencers, aumentando así la probabilidad de compartir en redes sociales, defensa de la marca y amplificación orgánica del contenido de mi sitio web.

Intercambio social y viralidad

Fomentar el intercambio social y la viralidad del contenido de mi sitio web ha sido una piedra angular de mi estrategia en redes sociales. Creo contenido compartible, visualmente atractivo y que resuene con mi audiencia objetivo y anime a los usuarios a compartirlo con sus redes sociales. Al aprovechar los botones de intercambio social, complementos e incentivos, he facilitado el intercambio fácil de mi contenido en diversas plataformas sociales, ampliando su alcance y viralidad. El contenido viral tiene el potencial de atraer un aumento de tráfico, generar entusiasmo y obtener valiosos backlinks de sitios web autorizados, lo que mejora el rendimiento en SEO.

Crear técnicas de promoción de marketing viral requiere una combinación de creatividad, estrategia y sincronización para captar la atención de las audiencias y generar un intercambio orgánico en los canales digitales. Esto podría implicar la creación de videos entretenidos, memes humorísticos, historias inspiradoras o infografías que provoquen emociones fuertes y obliguen a los espectadores a interactuar y compartir con sus redes.

Otra estrategia es aprovechar el poder del contenido generado por el usuario y la prueba social para impulsar la viralidad. Alentar a los usuarios a participar en desafíos, concursos o campañas donde creen y compartan contenido relacionado con tu marca o producto puede ampliar el alcance y la participación. Al incentivar la participación con recompensas, reconocimiento o acceso exclusivo, puedes motivar a los usuarios a convertirse en defensores de la marca y amplificar tu mensaje de manera orgánica. Además, aprovechar las asociaciones y colaboraciones con influencers puede ampliar tu alcance a nuevas audiencias y otorgar credibilidad y autenticidad a tus esfuerzos de marketing viral. A través de asociaciones estratégicas con influencers que se alineen con los valores de tu marca y resuenen con tu público objetivo, puedes amplificar tu mensaje y fomentar un intercambio y participación generalizados.

Escucha social y perspectivas

Es crucial enfatizar la profundidad de comprensión que se puede obtener al monitorear las plataformas de redes sociales. Herramientas de escucha social, como Brandwatch, Hootsuite Insights y Mention, me permiten rastrear no solo menciones directas de mi marca, sino también conversaciones más amplias relacionadas con mi industria, productos o servicios. Al analizar estas conversaciones, puedo descubrir tendencias emergentes, identificar puntos comunes de dolor o deseos entre mi público objetivo y mantenerme a la vanguardia en términos de creación y optimización de contenido.

Además, las ideas de las redes sociales proporcionan datos cuantitativos que complementan las percepciones cualitativas obtenidas a través de la escucha social. Plataformas analíticas como Facebook Insights, Twitter Analytics y LinkedIn Analytics ofrecen métricas como tasas de participación, datos demográficos de la audiencia y rendimiento del contenido, lo que me permite medir la efectividad de mis esfuerzos en redes sociales e identificar áreas de mejora. Por ejemplo, puedo rastrear qué tipos de contenido resuenan más con mi audiencia, los mejores momentos para publicar para obtener la máxima visibilidad y la demografía de mis seguidores más comprometidos.

Al combinar tanto la escucha social como las ideas, puedo ajustar mi estrategia de SEO para satisfacer mejor las necesidades y preferencias de mi audiencia. Por ejemplo, si noto un aumento en las conversaciones sobre un tema particular en las redes sociales utilizando herramientas como BuzzSumo o Sprout Social, puedo crear contenido dirigido optimizado para palabras clave relevantes para capitalizar la tendencia y generar tráfico orgánico a mi sitio web. De manera similar, si las ideas de las redes sociales revelan que cierto grupo demográfico interactúa más con el contenido visual, puedo priorizar la creación de visuales atractivos en mi estrategia de contenido de SEO.

En esencia, la escucha social y las ideas sirven como herramientas invaluables para optimizar las estrategias de SEO al proporcionar retroalimentación en tiempo real, identificar oportunidades para la optimización del contenido y garantizar la alineación con los intereses y preferencias de la audiencia. Al aprovechar estos conocimientos de manera efectiva, he podido mantenerme ágil en mi enfoque de SEO y mantener una ventaja competitiva.

CAPÍTULO 10 - TÁCTICAS DE MONETIZACIÓN

Maximizar los ingresos con Google AdWords

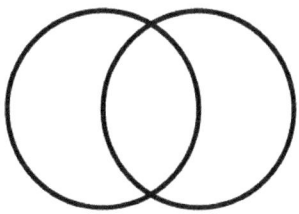

A medida que me adentraba más en el mundo de la monetización en línea, una de las herramientas más poderosas que encontré fue Google AdWords. Esta plataforma, ofrecida por el gigante de los motores de búsqueda, brindaba una oportunidad increíble para maximizar los ingresos al colocar estratégicamente anuncios en el vasto paisaje de Internet.

Mi viaje con Google AdWords, ahora Google Ads, comenzó con un sentido de curiosidad y el deseo de explorar nuevos caminos para generar ingresos a través de mi sitio web. Había escuchado innumerables historias de éxito de otros propietarios de sitios web que habían aprovechado AdWords para aumentar significativamente sus flujos de ingresos, y estaba ansioso por experimentar resultados similares por mí mismo.

El primer paso en mi viaje con AdWords fue familiarizarme con la plataforma y sus diversas funciones. Google AdWords ofrece un conjunto completo de herramientas y recursos diseñados para ayudar a los anunciantes a crear, administrar y optimizar sus campañas publicitarias con facilidad. Desde herramientas de investigación de palabras clave hasta opciones avanzadas de segmentación, AdWords proporcionaba todo lo que necesitaba para lanzar campañas publicitarias exitosas adaptadas a mis objetivos específicos.

Uno de los principales beneficios de Google AdWords es su capacidad para dirigirse a audiencias altamente relevantes basadas en sus consultas de búsqueda y comportamiento en línea. Al seleccionar cuidadosamente palabras clave relacionadas con mi nicho y crear copias de anuncios convincentes, pude conectar con usuarios que estaban buscando activamente productos o servicios como los míos. Este enfoque dirigido no solo aumentó la efectividad de mis anuncios, sino que también maximizó el retorno de la inversión para mi presupuesto publicitario.

Al comenzar a experimentar con diferentes formatos de anuncios y estrategias de ubicación, rápidamente me di cuenta de la importancia de rastrear y analizar el rendimiento de mis campañas. Google AdWords proporciona herramientas de análisis y reportes robustas que permiten a los anunciantes monitorear el éxito de sus anuncios en tiempo real. Al monitorear de cerca métricas como las tasas de clics, las tasas de conversión y el costo por clic, pude identificar qué anuncios estaban generando los mejores resultados y ajustar mis estrategias en consecuencia.

Una de las características más poderosas de Google AdWords es su capacidad para escalar campañas basadas en el rendimiento. A medida que ganaba más experiencia con la plataforma y refinaba mis estrategias de segmentación, aumentaba gradualmente mi gasto en anuncios para alcanzar a una audiencia más amplia y generar más tráfico hacia mi sitio web. Con AdWords, tenía la flexibilidad de ajustar mi presupuesto y estrategia de oferta en tiempo real, lo que me permitía maximizar el impacto de mis esfuerzos publicitarios.

Además de los anuncios de búsqueda tradicionales, Google AdWords también ofrece una variedad de otros formatos de anuncios, incluidos los anuncios de display, los anuncios de video y los anuncios de compras. Al diversificar mi cartera publicitaria y experimentar con diferentes formatos, pude llegar a usuarios a través de múltiples canales y captar su atención en diversas etapas del ciclo de compra.

En general, mi experiencia con Google AdWords fue nada menos que transformadora. A través de una planificación estratégica, una ejecución cuidadosa y una optimización continua, pude maximizar los ingresos y hacer crecer mi negocio en línea a nuevas alturas.

"Presta especial atención al texto de tus anuncios."

Explorando diversos métodos de monetización

A medida que me adentraba más en el mundo del emprendimiento en línea, me di cuenta de que depender únicamente de un solo método de monetización limitaba el potencial de ingresos de mi sitio web. Para maximizar verdaderamente las ganancias y diversificar mis fuentes de ingresos, comencé a explorar una amplia gama de métodos de monetización que se complementaran entre sí y proporcionaran múltiples flujos de ingresos.

Uno de los primeros métodos de monetización alternativos que exploré fue el marketing de afiliación. Este enfoque implicaba asociarse con otras empresas y promocionar sus productos o servicios en mi sitio web a cambio de una comisión sobre las ventas generadas a través de enlaces de afiliados. El marketing de afiliación, facilitado a través de redes como Amazon Associates, ofrecía una forma flexible y escalable de monetizar mi sitio web, permitiéndome generar ingresos pasivos al recomendar productos y servicios que se alineaban con los intereses y necesidades de mi audiencia. A través de asociaciones de afiliados, podía aprovechar la credibilidad y confianza que había construido con mi audiencia para promocionar productos o servicios relevantes. Esto no solo proporcionaba un flujo constante de ingresos, sino que también agregaba valor a mi audiencia al ofrecerles acceso a productos o servicios de calidad que personalmente respaldaba.

Además del marketing de afiliación, también comencé a explorar el contenido patrocinado y las reseñas patrocinadas como medio de monetización. Al colaborar con marcas y anunciantes para crear publicaciones o reseñas patrocinadas, pude generar ingresos mientras proporcionaba contenido valioso a mi audiencia. El contenido patrocinado me permitió monetizar mi experiencia y conocimientos en mi nicho al tiempo que mantenía la transparencia y autenticidad con mis lectores.

Otro método de monetización que exploré fue el contenido premium y las suscripciones de membresía. Creé contenido premium exclusivo, como guías detalladas, tutoriales o recursos descargables, y los ofrecí a mi audiencia como parte de un paquete de suscripción de membresía. Al proporcionar valor adicional y acceso exclusivo a contenido premium, pude atraer suscriptores dispuestos a pagar una tarifa premium por acceso a beneficios y recursos exclusivos.

Mientras seguía buscando métodos de monetización, me adentré en el mundo de los productos digitales y los cursos en línea como medio para monetizar mi experiencia y habilidades. Creé y lancé productos digitales como libros electrónicos, plantillas o herramientas de software que abordaban puntos específicos o desafíos enfrentados por mi audiencia. Además, desarrollé cursos en línea y programas de entrenamiento que ofrecían experiencias de aprendizaje integrales e información valiosa sobre mi nicho e industria.

Con el tiempo, me di cuenta de la importancia de experimentar y adaptar mis estrategias en función de las necesidades y preferencias cambiantes de mi audiencia. Cada método de monetización tenía sus propias fortalezas y limitaciones, y era esencial encontrar el equilibrio adecuado y la combinación de métodos que producirían el mayor retorno de la inversión.

En última instancia, al explorar diversos métodos de monetización y adoptar un enfoque multifacético para la generación de ingresos, pude desbloquear nuevos flujos de ingresos y maximizar el potencial de ganancias de mi sitio web. Diversificar mis estrategias de monetización no solo aumentó mis ingresos totales, sino que también proporcionó una mayor estabilidad y resiliencia contra las fluctuaciones en las condiciones del mercado y los cambios en el comportamiento del consumidor.

Desarrollo y gestión de programas de afiliados

Embarcarme en el desarrollo y gestión de programas de afiliados abrió un mundo de posibilidades para expandir mis fuentes de ingresos. Los programas de afiliados ofrecían un acuerdo mutuamente beneficioso donde tanto los afiliados (yo) como los comerciantes (empresas cuyos productos o servicios promocionaba) podían aprovechar las fortalezas de cada uno para impulsar las ventas y generar ingresos.

El proceso de desarrollo de un programa de afiliados comenzaba con la identificación de comerciantes adecuados cuyos productos o servicios resonaran con mi audiencia y se alinearan con los temas de mi sitio web. Esto implicaba realizar una investigación exhaustiva para identificar empresas de reputación con ofertas de alta calidad y programas de afiliados que ofrecieran comisiones competitivas e incentivos.

Una vez que había identificado posibles socios comerciales, me ponía en contacto con ellos para expresar mi interés en unirme a sus programas de afiliados. Muchos comerciantes tenían portales de programas de afiliados dedicados o páginas de registro donde podía solicitar ser afiliado. En algunos casos, tenía que enviar una solicitud y esperar la aprobación del comerciante antes de obtener acceso a los recursos de su programa de afiliados.

Una vez aprobado, obtenía acceso a una variedad de materiales promocionales y recursos proporcionados por el comerciante, incluidos enlaces de afiliados, banners, imágenes de productos y material de marketing. Estos materiales eran esenciales para promocionar efectivamente los productos o servicios del comerciante en mi sitio web y dirigir tráfico a su sitio web o páginas de destino.

Uno de los aspectos clave de la gestión de programas de afiliados era el seguimiento y monitoreo de métricas de rendimiento para evaluar la efectividad de mis esfuerzos promocionales y optimizar mis estrategias para obtener resultados máximos. La mayoría de los programas de afiliados proporcionaban paneles de afiliados o herramientas de seguimiento que me permitían monitorear clics, conversiones, ventas y comisiones en tiempo real.

Además de monitorear métricas de rendimiento, también me centraba en construir relaciones sólidas con mis socios comerciales y proporcionar servicios de valor añadido para apoyar sus esfuerzos de marketing de afiliados. Esto implicaba comunicarme regularmente con representantes del comerciante, proporcionar retroalimentación e ideas, y colaborar en campañas e iniciativas promocionales.

A medida que mis asociaciones de afiliados crecían, exploraba diversas estrategias para maximizar los ingresos por afiliación y optimizar las tasas de conversión. Esto incluía experimentar con diferentes tácticas promocionales, optimizar enlaces de afiliados y páginas de destino para obtener mejores tasas de conversión, y aprovechar los datos analíticos para identificar tendencias y oportunidades de mejora.

Prioricé la transparencia y autenticidad en mis esfuerzos de marketing de afiliados al divulgar claramente mis relaciones de afiliación a mi audiencia y proporcionar recomendaciones y reseñas honestas e imparciales de los productos o servicios que promocionaba. Construir confianza y credibilidad con mi audiencia fue fundamental para el éxito de mis esfuerzos de marketing de afiliados.

En general, desarrollar y gestionar programas de afiliados resultó ser una empresa lucrativa y gratificante, lo que me permitió forjar asociaciones valiosas, diversificar mis fuentes de ingresos y crear relaciones mutuamente beneficiosas con comerciantes y afiliados por igual.

Convertir el tráfico del sitio web en oportunidades de ventas

Convertir el tráfico del sitio web en oportunidades de venta es un aspecto crucial para maximizar el potencial de ingresos de cualquier negocio en línea. Si bien atraer visitantes a mi sitio web era crucial, era igualmente importante involucrarlos y convertirlos en oportunidades de venta calificadas que estuvieran preparadas para una interacción adicional y eventualmente se convirtieran en clientes pagadores.

El proceso de convertir el tráfico del sitio web en oportunidades de venta implicaba una combinación estratégica de tácticas de marketing dirigidas, contenido convincente y estrategias de generación de oportunidades optimizadas. Así es cómo abordé este aspecto esencial de mi negocio en línea:

1. **Comprender las necesidades del público**: Como vimos en capítulos anteriores, el primer paso para convertir el tráfico del sitio web en oportunidades de venta es comprender profundamente las necesidades, preferencias y puntos problemáticos de nuestro público objetivo. Mediante una exhaustiva investigación de mercado y el análisis del comportamiento de los visitantes en mi sitio web, obtuve valiosos conocimientos sobre lo que los motivaba y cómo podía abordar sus necesidades de manera efectiva.
2. **Crear contenido convincente**: El contenido desempeñó un papel central en atraer y comprometer a los

visitantes del sitio web, así como en nutrirlos a través del embudo de ventas. Me centré en crear contenido de alta calidad, informativo y atractivo que resonara con mi público objetivo y les proporcionara información valiosa, soluciones y recursos relacionados con sus intereses y desafíos.

3. **Implementar mecanismos de captura de oportunidades:** Para capturar la información de los visitantes del sitio web y convertirlos en oportunidades de venta, implementé varios mecanismos de captura de oportunidades, como formularios de suscripción, ventanas emergentes, contenido protegido y herramientas interactivas. Estos mecanismos alentaron a los visitantes a proporcionar su información de contacto a cambio de contenido valioso, como libros electrónicos, guías, seminarios web u ofertas exclusivas.

4. **Segmentar y personalizar la comunicación:** Una vez que capturé la información de contacto de las oportunidades, las segmenté en función de sus intereses, comportamientos y demografía para ofrecerles una comunicación personalizada y relevante. Al adaptar mi mensaje a sus necesidades y preferencias específicas, pude nutrir las oportunidades de manera más efectiva y guiarlas a través del embudo de ventas hacia la conversión.

5. **Implementar campañas de refinamiento de oportunidades:** Las campañas de refinamiento de oportunidades desempeñaron un papel crucial en la construcción de relaciones con las oportunidades en cuestión

del tiempo y en acercarlas a la conversión. A través de una serie de correos electrónicos automatizados, contenido dirigido e interacciones personalizadas, proporcioné a las oportunidades información valiosa, abordé sus inquietudes y posicioné mis productos o servicios como soluciones a sus necesidades.

6. **Utilizar estrategias de recomercialización:** Las estrategias de recomercialización me permitieron volver a involucrar a los visitantes del sitio web que habían mostrado interés en mis productos o servicios, pero aún no se habían convertido en oportunidades. Al ofrecerles anuncios dirigidos o contenido personalizado basado en sus interacciones previas con mi sitio web, pude mantener mi marca en la mente y alentarlos a dar el siguiente paso hacia convertirse en una oportunidad.

"El uso y seguimiento de datos analíticos es crucial para su sitio web, especialmente debido a la importancia de la recomercialización."

7. **Medir y optimizar el rendimiento:** La medición continua y la optimización fueron esenciales para refinar mis estrategias de generación de oportunidades y maximizar su efectividad. Seguí indicadores clave de rendimiento (KPI) como tasas de conversión, calidad de oportunidades y costos de adquisición de clientes para identificar áreas de mejora y ajustar mi enfoque con el tiempo.

Al implementar estas estrategias y enfocarte en convertir el tráfico del sitio web en clientes potenciales de ventas, podrás construir un sólido canal de clientes potenciales calificados e impulsar un crecimiento sostenido y rentable para tu negocio en línea. Cada interacción con los visitantes del sitio web representa una oportunidad para cultivar relaciones, brindar valor y, en última instancia, guiarlos hacia convertirse en clientes leales. No es fácil y requerirá mucha prueba A/B para encontrar el embudo correcto. Sin embargo, una vez que se haya establecido el embudo correcto, los ingresos comenzarán a llegar automáticamente.

Creación y venta de productos digitales

En mi experiencia, la creación y venta de productos digitales ha sido un hito significativo en mi viaje hacia la diversificación de tácticas de monetización y la maximización de los flujos de ingresos. A diferencia de los productos físicos, los productos digitales ofrecen escalabilidad, bajos costos generales y el potencial de ingresos recurrentes, lo que los convierte en una opción atractiva para generar ingresos pasivos.

He probado muchos tipos de productos y diversas formas de venderlos, y sin duda, vender a través de un sitio web es lo más atractivo porque ahorras en todos los costos de tener un negocio tradicional. Además, siempre tendrás la oportunidad de configurar procesos de marketing de afiliados y referencias para aumentar tus ventas. Así es como abordé el proceso de creación y venta de productos digitales:

1. **Identificación de Ideas Rentables:** El primer paso en la creación de productos digitales fue identificar ideas rentables que se alinearan con mi experiencia, los intereses de mi audiencia y la demanda del mercado. Realicé una investigación de mercado exhaustiva, analicé las tendencias de la industria y solicité comentarios de mi audiencia para identificar temas o soluciones que abordaran sus necesidades y puntos problemáticos.
2. **Elección del Formato Adecuado:** Los productos digitales vienen en varios formatos, incluyendo libros electrónicos, cursos en línea, plantillas, software, descargas digitales, archivos de audio y video. Evalué las fortalezas y limitaciones de cada formato y seleccioné aquellos que mejor se adaptaban al contenido y método de entrega de mi producto digital. Por ejemplo, si quería enseñar un curso completo sobre marketing digital, una plataforma de cursos en línea sería ideal para ofrecer lecciones en video, cuestionarios y contenido interactivo.
3. **Creación y Desarrollo de Contenido:** Una vez que tuve una idea clara del concepto y formato del producto digital, me enfoqué en crear contenido de alta calidad que proporcionara valor y abordara las nece-

sidades de la audiencia objetivo. Ya sea escribir un libro electrónico, grabar tutoriales en video o diseñar plantillas, aseguré que el contenido estuviera bien investigado, organizado y presentado de manera visualmente atractiva.

4. **Diseño de Páginas de Venta Atractivas:** Una página de venta convincente es esencial para promover eficazmente productos digitales y convencer a los clientes potenciales de realizar una compra. Invertí tiempo y esfuerzo en diseñar páginas de venta atractivas que resaltaran los beneficios del producto digital, mostraran testimonios o estudios de caso e incluyeran botones de llamada a la acción persuasivos para fomentar conversiones.

5. **Establecimiento de Precios Competitivos:** Establecer precios para productos digitales requiere una consideración cuidadosa de factores como los costos de producción, el valor percibido, los precios de la competencia y la demanda del mercado. Realicé una investigación de precios para determinar el punto de precio óptimo que equilibrara la rentabilidad con la asequibilidad para mi audiencia objetivo. Además, experimenté con estrategias de precios como precios escalonados, descuentos o paquetes para incentivar compras y maximizar los ingresos.

6. **Implementación de Procesamiento de Pagos Seguro:** Para facilitar transacciones sin problemas y garantizar la confianza del cliente, integré sistemas de procesamiento de pagos seguros en mi plataforma de

comercio electrónico. Seleccioné pasarelas de pago de buena reputación que admitieran diversos métodos de pago, ofrecieran cifrado para datos sensibles y cumplieran con los estándares de la industria para la seguridad y prevención de fraudes.

7. **Promoción y Marketing de Productos Digitales:** La promoción y el marketing efectivos fueron esenciales para atraer tráfico a mis páginas de venta y generar ventas para mis productos digitales. Utilicé una combinación de canales de marketing digital, incluyendo marketing por correo electrónico, redes sociales, marketing de contenido y optimización para motores de búsqueda (SEO), para llegar a mi audiencia objetivo, crear conciencia y fomentar conversiones. Además, aproveché asociaciones, programas de marketing de afiliados y colaboraciones con influencers para ampliar mi alcance y llegar a nuevos segmentos de clientes.

8. **Proporcionar Soporte y Actualizaciones Continuas:** La satisfacción y retención del cliente fueron primordiales en el negocio de productos digitales. Proporcioné un excelente soporte al cliente para abordar consultas, resolver problemas y ayudar a los clientes durante su proceso de compra. Además, actualicé y mejoré regularmente mis productos digitales en función de los comentarios de los clientes, las tendencias del mercado y los avances tecnológicos para garantizar un valor y relevancia continuos.

Al seguir estos pasos y aprovechar las plataformas digitales y estrategias de marketing, logré crear y vender productos digitales que satisfacían las necesidades de mi audiencia, generaban ingresos pasivos y diversificaban mis fuentes de ingresos. Los productos digitales no solo proporcionaron una opción de monetización escalable y rentable, sino que también me posicionaron como una autoridad en mi nicho y facilitaron relaciones a largo plazo con los clientes.

"He seguido estos pasos cada vez que comienzo algo nuevo, y he tenido éxito cada vez."

Implementación de modelos basados en suscripción

En mi opinión, implementar modelos basados en suscripciones es la mejor manera de monetizar un sitio web y cultivar flujos de ingresos sostenibles. Adoptar este modelo me permitió ofrecer servicios o contenido recurrente de valor a los suscriptores mientras fomentaba relaciones a largo plazo e ingresos predecibles.

Antes de sumergirme en las ofertas basadas en suscripciones, obtuve una comprensión integral del modelo de suscripción y sus diversos componentes. Investigué diferentes modelos de suscripción, como suscripciones de productos, suscripciones de membresías y software como servicio (SaaS), para determinar cuál se adaptaba mejor a mis objetivos comerciales, audiencia objetivo y tendencias de la industria.

A continuación, identifiqué oportunidades de suscripción dentro de mi nicho o industria que se alineaban con mi experiencia, las necesidades de mi audiencia y la demanda del mercado. Realicé investigaciones de mercado, analicé las ofertas de la competencia y solicité comentarios de mi audiencia para identificar posibles servicios, productos o contenido de suscripción que pudieran brindar valor continuo y justificar pagos recurrentes.

Para crear ofertas de suscripción atractivas, definí niveles de suscripción con diferentes niveles de acceso, beneficios y opciones de precios para atender a diversos segmentos de clientes y presupuestos. Elaboré estrategias de precios cuidadosamente basadas en factores como el valor percibido de la suscripción, el precio de la competencia, los costos de producción y la disposición a pagar del mercado objetivo. Además, experimenté con pruebas gratuitas, descuentos introductorios y planes de suscripción anuales para incentivar los registros y aumentar la retención.

La clave para modelos exitosos basados en suscripciones es ofrecer un valor y compromiso continuo a los suscriptores. Me enfoqué en desarrollar contenido, servicios o características exclusivas y de alta calidad que no estuvieran disponibles en otro lugar y que proporcionaran beneficios tangibles a los suscriptores. Ya sea contenido premium, acceso a comunidades en línea, servicios personalizados o actualizaciones de software, y me aseguré de que los suscriptores recibieran un valor continuo que justificara su inversión en la suscripción.

Creando experiencias de suscripción perfectas

Una experiencia de usuario fluida es esencial para atraer y retener suscriptores. Invertí en plataformas de gestión de suscripciones fáciles de usar o sistemas de comercio electrónico que facilitaban los registros, la gestión de suscripciones, el procesamiento de pagos y el acceso a la cuenta para los suscriptores. Además, optimicé los flujos de trabajo de suscripción, los procesos de pago y la comunicación con el cliente para minimizar la fricción y mejorar la satisfacción en todo el recorrido del suscriptor.

La retención de suscriptores es crucial para el éxito a largo plazo de los modelos basados en suscripciones. Implementé estrategias de retención como el soporte al cliente proactivo, recomendaciones personalizadas, recompensas de fidelidad y campañas de participación para fomentar las relaciones con los suscriptores, animar a las renovaciones y reducir la pérdida de clientes. Al monitorear continuamente el compromiso, la satisfacción y las métricas de retención de los suscriptores, identifiqué oportunidades de mejora y ajusté las estrategias en consecuencia para maximizar el valor de vida del suscriptor.

A medida que mi base de suscriptores crecía, me centraba en escalar y diversificar las ofertas de suscripción para adaptarme a las necesidades y preferencias cambiantes de los clientes. Introduje nuevos niveles de suscripción, expandí bibliotecas de contenido u ofertas de servicios, y exploré asociaciones o colaboraciones para mejorar las propuestas de valor y atraer nuevos suscriptores. Además, aproveché la analítica de datos, la retroalimentación de los clientes y los conocimientos del mercado para refinar las estrategias de suscripción, optimizar los modelos de precios e impulsar el crecimiento continuo.

Garantizar el cumplimiento y la seguridad

Como mencioné en capítulos anteriores, el cumplimiento de las regulaciones de protección de datos, como el Reglamento General de Protección de Datos (GDPR) o la Ley de Privacidad del Consumidor de California (CCPA), era primordial en la gestión de modelos basados en suscripciones. Implementé medidas robustas de seguridad de datos, obtuve el consentimiento necesario para el procesamiento de datos y aseguré transparencia en las prácticas de manejo de datos para mantener la confianza de los suscriptores y cumplir con los requisitos legales. De esta manera, mantengo la tranquilidad y me aseguro de cumplir con las regulaciones legales para proteger a mis clientes.

Además, al implementar estratégicamente modelos basados en suscripciones, transformé las transacciones únicas en flujos de ingresos recurrentes, fomenté relaciones de clientes leales y establecí una base resistente para el crecimiento empresarial sostenible. Las ofertas de suscripción no solo proporcionaron un valor continuo a los suscriptores, sino que también diversificaron las fuentes de ingresos, redujeron la dependencia de las transacciones individuales y permitieron una innovación y adaptación continua a las dinámicas del mercado.

Ofreciendo contenido premium y membresías

Ofrecer contenido premium y membresías es una excelente manera de monetizar plataformas en línea, proporcionando un valor exclusivo y acceso a los usuarios.

Siempre comienza identificando contenido o recursos valiosos dentro de tu nicho que tengan el potencial de atraer a una audiencia dedicada dispuesta a pagar por acceso exclusivo. Esto podría incluir guías detalladas, tutoriales, cursos, webinars, libros electrónicos, plantillas o conocimientos de la industria que ofrezcan ideas únicas, experiencia o soluciones a desafíos específicos enfrentados por tu audiencia objetivo.

Una vez que hayas identificado oportunidades de contenido premium, concéntrate en crear contenido de alta calidad, profundo y accionable que proporcione un valor tangible y aborde puntos dolorosos o aspiraciones específicas de tu audiencia. Utiliza tu experiencia, investigación y creatividad para desarrollar contenido premium que no esté fácilmente disponible en otro lugar y ofrezca una ventaja competitiva a los suscriptores.

Además del contenido premium, puedes crear programas de membresía que ofrezcan beneficios exclusivos, ventajas y privilegios a los suscriptores. Define diferentes niveles de membresía con diferentes niveles de acceso, funciones y opciones de precios para atender a diversos segmentos de clientes y presupuestos. Estos beneficios de membresía podrían incluir navegación sin anuncios, acceso anticipado al contenido, foros de comunidad exclusivos, eventos solo para miembros, descuentos en productos o servicios y soporte personalizado.

Para simplificar la gestión de suscripciones y ofrecer una experiencia de usuario fluida, puedes implementar plataformas de suscripción o membresía que faciliten registros sencillos, facturación recurrente, gestión de accesos y comunicación con los miembros. Estas plataformas integradas con tu sitio web permitirán a los suscriptores registrarse, actualizar o reducir sus membresías, y acceder al contenido o beneficios exclusivos con facilidad. Al mismo tiempo, la mayoría de estas plataformas te proporcionarán secciones de administración fáciles para tus necesidades contables.

Desarrolla estrategias de marketing integrales para promover contenido premium y membresías a tu audiencia objetivo. Esto implica aprovechar diversos canales de marketing como el marketing por correo electrónico, la promoción en redes sociales, el marketing de contenidos y la publicidad de paga para aumentar la conciencia, generar tráfico y fomentar los registros para contenido premium o programas de membresía. Destaca la propuesta de valor única, los beneficios y las características de las ofertas premium para tentar a posibles suscriptores y diferenciarlas del contenido gratuito.

Para retener suscriptores y fomentar renovaciones, prioriza ofrecer un valor y soporte excepcionales a los suscriptores de contenido premium y miembros. Esto incluye actualizar y refrescar regularmente el contenido premium para mantenerlo relevante y valioso, responder rápidamente a las consultas o comentarios de los miembros, y fomentar un sentido de comunidad y pertenencia entre los miembros mediante iniciativas de participación y eventos exclusivos.

Monitoriza continuamente el rendimiento de contenido premium y programas de membresía utilizando herramientas de análisis, comentarios de los suscriptores e indicadores clave de rendimiento (KPI) como el crecimiento de suscriptores, tasas de retención, ingresos generados y métricas de participación. Con base en estos conocimientos, puedes optimizar estrategias para mejorar la satisfacción de los suscriptores, la retención y la generación de ingresos con el tiempo.

Siempre cumple con las regulaciones de protección de datos, asegurándote de que la seguridad de los datos de los miembros es primordial en la gestión de contenido premium y programas de membresía. Implementa medidas robustas de seguridad de datos, obtén el consentimiento necesario para el procesamiento de datos y mantén la transparencia en las prácticas de manipulación de datos para salvaguardar la privacidad de los miembros y cumplir con los requisitos legales.

Al ofrecer contenido premium y membresías, no solo puedes diversificar tus fuentes de ingresos, sino también proporcionar un valor exclusivo a tu audiencia, fomentar relaciones más profundas con los suscriptores y establecer una base sostenible para el crecimiento y éxito a largo plazo. Estas ofertas premium te permitirán monetizar tu experiencia, creatividad e ideas únicas al mismo tiempo que empoderas a tu audiencia para alcanzar sus metas y aspiraciones.

Monetización de boletines y listas de correo electrónico

Monetizar boletines y listas de correo electrónico ha sido una gran fuente de ingresos para algunos de los proyectos en los que he trabajado, y también ha sido una excelente manera de interactuar con mi audiencia a un nivel más profundo

Comencé construyendo una lista de correo electrónico sustancial compuesta por suscriptores comprometidos interesados en recibir contenido valioso, actualizaciones y ofertas relacionadas con mi nicho. Luego, empleé diversas estrategias como diferentes ganchos para clientes potenciales, incentivos para la suscripción, y contenido atractivo animando así a los visitantes del sitio web a suscribirse a mi boletín de correo electrónico.

"Siempre solicita de manera agresiva las suscripciones por correo electrónico"

Para mantener el compromiso y la confianza de los suscriptores, entregaba constantemente contenido de alta calidad, relevante y valioso en mis boletines por correo electrónico. Este contenido incluía artículos informativos, consejos útiles, perspectivas de la industria, ofertas exclusivas, recomendaciones de productos y recomendaciones personalizadas adaptadas a los intereses y preferencias de mis suscriptores. También segmentaba mi lista de correo electrónico según la demografía, preferencias, comportamientos y niveles de compromiso de los suscriptores para ofrecer contenido dirigido y personalizado que resonara con diferentes segmentos de la audiencia. Al comprender las necesidades e intereses únicos de cada segmento, podía adaptar mis campañas de marketing por correo electrónico y las ofertas para maximizar la relevancia y la efectividad.

Integrar estratégicamente el marketing de afiliación en mis boletines por correo electrónico me permitió promocionar productos o servicios relevantes a mis suscriptores y ganar comisiones por referencias o ventas calificadas. Seleccionaba cuidadosamente productos o programas de afiliados que se alineaban con los intereses y necesidades de mi audiencia y revelaba cualquier relación de afiliación de manera transparente para mantener la confianza y credibilidad.

Vender contenido patrocinado o espacios publicitarios a marcas o empresas relevantes que buscaban llegar a mi audiencia me permitió obtener ese ingreso que estaba buscando. Negociaba asociaciones y acuerdos de patrocinio con marcas que ofrecían valor a mis suscriptores e integraba contenido patrocinado de manera transparente en mis boletines para mantener una experiencia de usuario positiva.

También introduje niveles de suscripción premium o programas de membresía para boletines por correo electrónico, ofreciendo contenido exclusivo, ventajas o beneficios a los suscriptores que optaban por suscripciones de paga. Estas ofertas premium proporcionaban valor adicional e incentivos para que los suscriptores mejoraran sus suscripciones mientras generaban ingresos recurrentes para mi negocio.

Aprovechando los boletines por correo electrónico, promocionaba productos, servicios, cursos o eventos a los suscriptores, destacando las características únicas, los beneficios y las propuestas de valor de mis ofertas. Utilizaba llamadas a la acción convincentes para alentar a los suscriptores a realizar compras o interactuar más con mi marca. Además, monitoreaba y optimizaba continuamente el rendimiento de mis campañas de marketing por correo electrónico utilizando herramientas de análisis, pruebas A/B y métricas de rendimiento como tasas de apertura, tasas de clics, tasas de conversión e ingresos generados, iteraba en mis estrategias basadas en información impulsada por datos para mejorar el compromiso, la conversión y la monetización con el tiempo.

Al monetizar los boletines por correo electrónico y las listas, no solo generaba flujos de ingresos adicionales, sino que también fortalecía las relaciones con mi audiencia, mejoraba la visibilidad de la marca y estimulaba las conversiones y ventas. Esta estrategia me permitió aprovechar el poder del marketing por correo electrónico para conectar con mi audiencia a un nivel personal mientras alcanzaba mis objetivos.

Organizar seminarios web y cursos en línea

La realización de seminarios web y cursos en línea surgió como una necesidad para una nueva estrategia de marketing, lo que me permitió compartir conocimientos valiosos, interactuar con mi audiencia y generar ingresos. Aquí tienes un vistazo a mi enfoque para realizar seminarios web y crear cursos en línea para aprovechar esta oportunidad.

Comencé realizando investigaciones de mercado y analizando los comentarios de la audiencia para identificar temas y tendencias que resonaran con mi público objetivo y se alinearan con sus intereses, necesidades y puntos de dolor. Al entender las preferencias y desafíos de mi audiencia, pude desarrollar temas para seminarios web y cursos que ofrecieran soluciones prácticas e ideas valiosas. Planifiqué cuidadosamente y estructuré el contenido para mis seminarios web y cursos en línea con el fin de ofrecer información completa y práctica de manera clara, organizada y atractiva. Esbocé objetivos de aprendizaje clave, creé planes de lecciones detallados y seleccioné recursos relevantes, ejemplos y estudios de caso para mejorar la experiencia de aprendizaje de los participantes.

Seleccionar el formato y el método de entrega adecuados también es importante. Hay varios formatos y métodos de entrega para organizar seminarios web y cursos en línea, incluyendo seminarios web en vivo, videos pregrabados, talleres interactivos, recursos descargables y presentaciones multimedia. Dependiendo del tema y las preferencias de la audiencia, suelo elegir el formato más adecuado para maximizar el compromiso y los resultados de aprendizaje.

Para promocionar y comercializar mis seminarios web y cursos en línea, desarrollé una estrategia de marketing integral para atraer participantes. Esta estrategia incluía aprovechar varios canales de marketing, como el email marketing, las redes sociales, el marketing de contenidos, la publicidad pagada, las asociaciones con influencers y el marketing de afiliados para llegar a una audiencia más amplia y generar inscripciones.

"¡Tener el equipo adecuado de generación de contenido para esto es clave!"

Disponía de una variedad de opciones gratuitas y de pago para mis webinars y cursos en línea, diseñadas para atender las diversas necesidades de los segmentos de la audiencia y cumplir con varios objetivos de monetización. Las ofertas gratuitas servían como herramientas de generación de prospectos para atraer nuevos interesados y generar credibilidad, mientras que las opciones de pago proporcionaban contenido premium, capacitación avanzada y beneficios exclusivos para la monetización.

Creé páginas de ventas y de destino atractivas para promocionar mis webinars y cursos en línea y fomentar el registro o la compra. Estas páginas destacaban los principales beneficios, características y propuestas de valor de las ofertas e incluían redacción persuasiva, testimonios, elementos visuales y llamados a la acción para impulsar las conversiones.

Durante los webinars en vivo y las sesiones de cursos en línea, me enfoqué en ofrecer contenido atractivo, interactivo y lleno de valor para mantener a los participantes activamente involucrados y motivados. Fomenté la interacción de la audiencia mediante encuestas, sesiones de preguntas y respuestas, discusiones, actividades grupales y demostraciones en vivo para crear un sentido de comunidad y facilitar el aprendizaje.

Siempre ofrecí apoyo continuo y recursos a los participantes inscritos en mis cursos en línea, incluyendo acceso a los materiales del curso, recursos suplementarios, foros de discusión y oportunidades de mentoría. Al proporcionar un apoyo y una orientación integral, mejoré la experiencia de aprendizaje y ayudé a los participantes a alcanzar sus objetivos.

Después de cada sesión de webinar o curso, recopilé comentarios de los participantes para obtener información, evaluar el rendimiento e identificar áreas de mejora. Utilicé los comentarios y opiniones de los participantes para iterar en sesiones futuras, refinar el contenido, abordar inquietudes y mejorar la experiencia de aprendizaje en general.

A medida que aumentó la demanda de mis webinars y cursos en línea, amplié mis ofertas creando cursos adicionales, ampliando la cobertura de temas y diversificando los formatos de contenido. Monitoreé continuamente las tendencias del mercado, las preferencias de la audiencia y los desarrollos de la industria para mantenerme relevante y competitivo en el espacio de la educación en línea.

Organizar webinars y crear cursos en línea me permitió compartir mi experiencia, conectar con mi audiencia, lo cual es clave para los negocios en internet, y generar ingresos mientras proporcionaba valiosas oportunidades de aprendizaje para los participantes. Esta estrategia de monetización no solo diversificó mis fuentes de ingresos, sino que también me posicionó como una autoridad de confianza en mi nicho y contribuyó al éxito a largo plazo de mi negocio en ese momento.

Aprovechar el contenido patrocinado y las reseñas pagadas

Aprovechar el contenido patrocinado y las reseñas pagadas ha sido un enfoque estratégico que he implementado para monetizar diferentes sitios web, no solo los míos, sino también los de mis clientes, al tiempo que proporciono una valiosa exposición a marcas y productos relevantes para sus diversas audiencias.

Esto se logra identificando marcas, asociaciones y empresas relevantes cuyos productos o servicios se alineen con los intereses, necesidades y preferencias de la audiencia objetivo. Al seleccionar socios relevantes, aseguro que el contenido patrocinado y las reseñas pagadas resuenen con mi audiencia y proporcionen un valor genuino.

Antes de comprometerme con contenido patrocinado o reseñas pagadas, establezco pautas y estándares claros para mantener la transparencia, autenticidad e integridad. Comunico estas pautas a los socios potenciales para asegurar una comprensión y alineación mutuas con los valores de mi marca y las expectativas de mi audiencia. También me enfoco en entregar narrativas informativas, atractivas y auténticas que resuenen con mi audiencia y destaquen la propuesta de valor de los productos o servicios patrocinados. Me esfuerzo por mantener la independencia editorial mientras integro eficazmente los mensajes patrocinados en el contenido.

Aunque el contenido patrocinado ofrece una oportunidad de monetización, mantener la integridad editorial es primordial. Me aseguro de que el contenido patrocinado esté claramente revelado a mi audiencia y claramente diferenciado del contenido editorial para evitar cualquier confusión o tergiversación. He sabido que algunas personas intentan ocultar el contenido patrocinado dentro del contenido para que se confunda y tenga más clics, sin embargo, esta práctica puede a menudo dar resultados indeseables a largo plazo.

Proporcionando valor a marcas y socios
Colaboro estrechamente con marcas y socios para comprender sus objetivos, audiencia objetivo y mensajes clave. Al alinearme con sus metas y proporcionar valor a través de contenido patrocinado y reseñas pagadas, construyo relaciones sólidas y mutuamente beneficiosas que conducen a asociaciones a largo plazo y negocios recurrentes. Aprovecho múltiples plataformas y formatos de contenido para maximizar el alcance y el impacto del contenido patrocinado y las reseñas pagadas. Esto incluye publicaciones en blogs, artículos, videos, podcasts, publicaciones en redes sociales y boletines informativos, lo que me permite interactuar con la audiencia en diferentes canales y puntos de contacto.

La transparencia es esencial en el contenido patrocinado y las reseñas pagadas. Siempre revelo cualquier asociación patrocinada o reseñas remuneradas a mi audiencia para mantener la confianza y la credibilidad. Una divulgación clara y directa ayuda a fomentar la transparencia y la integridad.

Monitoreo y medición del desempeño

Supervise y mida regularmente el rendimiento del contenido patrocinado y las reseñas pagadas para evaluar su impacto, efectividad y retorno de inversión (ROI). Los indicadores clave de rendimiento (KPI) pueden incluir el compromiso de la audiencia, el reconocimiento de marca, las tasas de clics, las conversiones y el éxito general de la campaña.

Además de rastrear los indicadores clave de rendimiento (KPI), es esencial analizar los comentarios y el sentimiento de la audiencia respecto al contenido patrocinado y las reseñas pagadas. Utilice herramientas como las plataformas de escucha social y las encuestas para obtener información sobre cómo su audiencia percibe e interactúa con el contenido patrocinado. Preste atención a los comentarios, las comparticiones y las reacciones para evaluar el sentimiento e identificar áreas de mejora u optimización.

Además, considere el impacto a largo plazo del contenido patrocinado y las reseñas pagadas en la reputación y credibilidad de su marca. Si bien los métricos inmediatos como las tasas de clics y las conversiones son importantes, mantener la autenticidad y la confianza con su audiencia es fundamental. Evalúe continuamente la alineación entre el contenido patrocinado y los valores de su marca para garantizar la consistencia y autenticidad en su mensaje. Construir relaciones sólidas con su audiencia basadas en la transparencia y la integridad impulsará en última instancia el éxito sostenible en sus esfuerzos de monetización.

Cumpliendo con los requisitos legales y reglamentarios

Asegúrese siempre de cumplir con los requisitos legales y regulatorios pertinentes, incluidas las pautas de divulgación establecidas por organismos reguladores como la Comisión Federal de Comercio (FTC). Al adherirse a estas pautas, puede mitigar el riesgo de posibles problemas legales y mantener estándares éticos en el contenido patrocinado y las reseñas pagadas.

Antes de entrar en asociaciones de contenido patrocinado o reseñas pagadas, realice una diligencia debida exhaustiva para evaluar la credibilidad, reputación y alineación de posibles socios con los valores de la marca y los intereses de la audiencia. Esto ayuda a garantizar que las asociaciones sean mutuamente beneficiosas y propicias para el éxito a largo plazo.

Esta estrategia de monetización no solo impulsa los ingresos, sino que también fortalece las relaciones con los socios y mejora la calidad y relevancia general de las ofertas de contenido.

Recibir pagos en línea

Configurar una tienda en línea implica más que simplemente mostrar productos o servicios; se trata de crear una experiencia fluida para que los clientes naveguen, seleccionen y compren artículos con facilidad. Un aspecto fundamental de este proceso es implementar un sistema de pago eficiente que garantice transacciones seguras, convenientes y sin complicaciones.

Cuando se trata de construir tu tienda en línea, elegir el constructor de sitios web adecuado es crucial. DomainCart.com ofrece un producto de constructor de sitios web para tiendas en línea fácil de usar (https://app.domaincart.com/products/website-builder) que proporciona una plataforma robusta para crear y gestionar tu sitio web de comercio electrónico. Con plantillas personalizables y funcionalidad intuitiva de arrastrar y soltar, puedes diseñar una tienda en línea de aspecto profesional adaptada a la estética y estilo de tu marca.

Además del constructor de sitios web de DomainCart.com, hay otras opciones populares disponibles en el mercado, como WordPress con integración WooCommerce. WordPress es un sistema de gestión de contenido

(CMS) ampliamente utilizado conocido por su flexibilidad y versatilidad, mientras que WooCommerce es un potente plugin de comercio electrónico diseñado específicamente para WordPress. Juntos, ofrecen una solución integral para construir y gestionar tu tienda en línea, brindando acceso a una vasta biblioteca de temas, plugins y extensiones para personalizar la funcionalidad y diseño de tu tienda para satisfacer tus necesidades específicas.

WordPress con WooCommerce te permite aprovechar todo el potencial de las capacidades de blogging de WordPress junto con robustas características de comercio electrónico. Puedes crear fácilmente listados de productos, gestionar inventario, procesar pedidos y aceptar pagos a través de varias empresas proveedoras de sistemas de pago. La plataforma también ofrece amplias opciones de personalización, lo que te permite adaptar el diseño, la disposición y la funcionalidad de tu tienda para alinearlo con la identidad de tu marca y objetivos comerciales.

Con WordPress y WooCommerce, tienes la flexibilidad para escalar tu tienda en línea a medida que tu negocio crece. Ya sea que vendas productos físicos, descargas digitales o servicios, WordPress y WooCommerce ofrecen una solución fácil de usar y escalable para lanzar y gestionar eficazmente tu negocio de comercio electrónico. Además, el amplio soporte de la comunidad y la documentación de la plataforma facilitan encontrar recursos y ayuda para optimizar tu tienda en línea para el éxito.

Una vez que tu sitio web de comercio electrónico esté en funcionamiento, el siguiente paso es integrar una empresa para procesar los pagos, que sea confiable y que te permita aceptar pagos de todos los clientes. Stripe (https://stripe.com/) es una opción popular entre los negocios en línea debido a su interfaz fácil de usar, características avanzadas de seguridad y capacidades de integración sin problemas.

Si bien Stripe ofrece numerosos beneficios para procesar pagos en línea, incluido el soporte para las principales tarjetas de crédito, experiencias de pago sin problemas y herramientas sólidas de prevención de fraudes, no es la única opción disponible. Otras empresas que ofrecen este servicio de pago reputados, como PayPal, Square y Authorize.Net, también ofrecen una variedad de características y opciones de precios para satisfacer las necesidades de diferentes negocios.

Al seleccionar una empresa de pago para tu tienda en línea, considera factores como las tarifas de transacción, los tiempos de procesamiento, los métodos de pago admitidos y las características de seguridad. Además, asegúrate de que la empresa de pago cumpla con las regulaciones y estándares de la industria para la seguridad de los datos, como el cumplimiento de PCI DSS (Estándar de Seguridad de Datos de la Industria de Tarjetas de Pago).

Una vez que hayas elegido un constructor de sitios web e integrado una empresa de pago, es esencial optimizar el proceso de pago de tu tienda en línea para obtener la máxima eficiencia y comodidad. Simplifica el flujo de pago al minimizar el número de pasos necesarios para completar una compra, ofrecer opciones de pago de invitado y proporcionar instrucciones claras y mensajes durante todo el proceso.

Además, implementar cifrado SSL (Secure Sockets Layer) en tu sitio web es esencial para proteger la información confidencial del cliente, como los detalles de la tarjeta de crédito y los datos personales, del acceso no autorizado o la interceptación por parte de terceros malintencionados. El cifrado SSL cifra los datos transmitidos entre el navegador web del cliente y tu sitio web, asegurando que permanezcan seguros y confidenciales.

Además de las medidas de seguridad, ofrecer múltiples métodos de pago puede mejorar la experiencia de compra para tus clientes y satisfacer sus preferencias. Si bien los pagos con tarjeta de crédito y débito son estándar, considera admitir métodos de pago alternativos, como billeteras digitales (por ejemplo, Apple Pay, Google Pay), transferencias bancarias o incluso pagos con criptomonedas, para adaptarte a las diversas preferencias de los clientes y aumentar las tasas de conversión.

Además, proporcionar información transparente sobre precios y envío desde el principio puede ayudar a reducir las tasas de abandono del carrito y generar confianza con tus clientes. Muestra claramente los precios de los productos, impuestos, costos de envío y opciones de entrega durante el proceso de pago para eliminar sorpresas y garantizar una experiencia de compra fluida.

Para mejorar aún más la experiencia de pago para tus clientes, considera implementar funciones como la facturación automática recurrente para servicios basados en suscripción u opciones de pago a plazos para compras más grandes. Estas características pueden proporcionar flexibilidad y comodidad para los clientes, además de aumentar la lealtad y retención de los clientes.

Por último, monitorea regularmente y analiza el rendimiento de los pagos en tu tienda en línea para identificar cualquier problema o áreas de mejora. Realiza un seguimiento de métricas clave como las tasas de éxito de transacción, el valor promedio de pedido y las tasas de pérdida de clientes para obtener información sobre los procesos de pago de tu tienda e identificar oportunidades de optimización.

Al seleccionar el constructor de sitios web adecuado, integrar una empresa de pago confiable y optimizar tu proceso de pago, puedes crear un sistema de pago seguro y eficiente para tu tienda en línea.

Proporcionar una experiencia de pago sin problemas para tus clientes no solo mejora su satisfacción, sino que también contribuye al éxito general y al crecimiento de tu negocio de comercio electrónico.

CAPÍTULO 11 - ESTABLECIENDO UNA OFICINA VIRTUAL

Adoptando el concepto de espacio de trabajo virtual

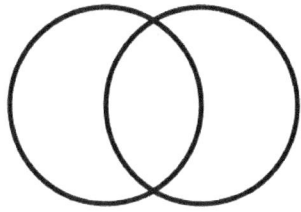

Adoptar el concepto de espacio de trabajo virtual ha sido un cambio revolucionario para mí y mi negocio. Es un cambio de paradigma desde la configuración tradicional de oficina física hacia una forma de trabajo más flexible, eficiente y accesible. Como alguien que valora la flexibilidad y la autonomía, la transición a un espacio de trabajo virtual me ha permitido redefinir mi enfoque hacia el trabajo y ha abierto un mundo de oportunidades.

Una de las ventajas más significativas de adoptar el concepto de espacio de trabajo virtual es la libertad que proporciona. Ya no estoy limitado por las restricciones de una oficina física, puedo trabajar desde cualquier lugar del mundo siempre que tenga una conexión a internet. Ya sea desde la comodidad de mi hogar, una bulliciosa cafetería o un destino de playa sereno, tengo la flexibilidad de elegir mi espacio de trabajo ideal según mis preferencias y necesidades.

Otro beneficio del espacio de trabajo virtual es la capacidad de acceder a una reserva global de talento. Con el trabajo remoto volviéndose cada vez más común, las empresas pueden reclutar a los mejores talentos de todo el mundo sin estar limitadas por fronteras geográficas. Esto permite una mayor diversidad y experiencia dentro del equipo, lo que conduce a ideas y soluciones más innovadoras.

Además, el espacio de trabajo virtual promueve un equilibrio más saludable entre la vida laboral y personal. Al eliminar la necesidad de un viaje diario y ofrecer más flexibilidad en la programación, el trabajo remoto me permite priorizar mejor mis compromisos personales y profesionales. Tengo más tiempo para pasar con mi familia, perseguir pasatiempos e intereses, y cuidar de mi bienestar, lo que en última instancia conduce a una mayor satisfacción y realización general.

Además de los beneficios personales, adoptar el concepto de espacio de trabajo virtual también tiene ventajas significativas para las empresas. Reduce los costos generales asociados con el mantenimiento de una oficina física, como el alquiler, los servicios públicos y los suministros de oficina. Esto permite a las empresas asignar recursos de manera más eficiente e invertir en áreas que impulsan el crecimiento y la innovación, al mismo tiempo que mejoran la productividad y el compromiso de los empleados.

Los estudios han demostrado que los trabajadores remotos tienden a ser más productivos y están más satisfechos con sus trabajos en comparación con sus compañeros que están en la oficina. La flexibilidad para trabajar durante sus horas más productivas, personalizar su espacio de trabajo y evitar las distracciones de la oficina contribuye a niveles más altos de enfoque y motivación.

Por supuesto, adoptar el concepto de espacio de trabajo virtual no está exento de desafíos. La comunicación y la colaboración pueden ser más difíciles en un entorno virtual, lo que requiere esfuerzos intencionales para fomentar la conexión y la camaradería entre los miembros del equipo. Además, mantener un sentido de equilibrio entre la vida laboral y personal puede ser difícil cuando los límites entre la vida laboral y la vida en el hogar se desdibujan.

Sin embargo, con la mentalidad adecuada, las herramientas y las estrategias correctas, estos desafíos se pueden superar. Al aprovechar las plataformas tecnológicas para la comunicación y la colaboración, establecer expectativas y límites claros, y priorizar el bienestar de los empleados, las empresas pueden crear un espacio de trabajo virtual próspero que beneficie tanto a los individuos como a la organización en su conjunto.

Adoptar el concepto de espacio de trabajo virtual ofrece numerosas ventajas tanto para los individuos como para las empresas. Desde una mayor flexibilidad y autonomía hasta ahorros de costos y aumentos en la productividad, el espacio de trabajo virtual ha transformado la forma en que trabajamos y se ha convertido en una parte integral del entorno laboral moderno. Al aceptar este cambio y adaptarse al panorama cambiante del trabajo, podemos desbloquear nuevas oportunidades de crecimiento, innovación y éxito.

Herramientas y tecnologías esenciales para el trabajo remoto

La transición al trabajo remoto requiere las herramientas y tecnologías adecuadas para asegurar una comunicación, colaboración y productividad fluidas. A lo largo de los años, he experimentado con diversas herramientas y plataformas para crear un espacio de trabajo virtual efectivo que me permite trabajar eficientemente desde cualquier lugar del mundo. Aquí hay algunas herramientas y tecnologías esenciales para el trabajo remoto que he encontrado invaluables:

1. **Herramientas de comunicación**: La comunicación efectiva es la piedra angular del trabajo remoto. Plataformas como Slack, Microsoft Teams o Discord proporcionan capacidades de mensajería en tiempo real, videoconferencias y compartición de archivos, permitiendo que los miembros del equipo se mantengan conectados y colaboren sin esfuerzo. Estas herramientas facilitan discusiones rápidas, actualizaciones de proyectos y sesiones de lluvia de ideas, fomentando un sentido de camaradería y trabajo en equipo a pesar de la distancia física.
2. **Software de gestión de proyectos**: Gestionar tareas y proyectos de forma remota requiere un software de gestión de proyectos robusto. Herramientas como Asana, Trello o Monday.com ofrecen funciones como asignación de tareas, seguimiento del progreso y gestión de plazos, permitiendo que los equipos se mantengan organizados y enfocados en sus objetivos. Con líneas de tiempo claras, prioridades y responsabilidades del proyecto, los equipos remotos pueden asegurar que los proyectos se completen a tiempo y dentro del presupuesto.
3. **Soluciones de almacenamiento en la nube**: Almacenar y acceder a archivos de manera segura es esencial para los equipos remotos. Soluciones de almacenamiento en la nube como Google Drive, Dropbox o OneDrive proporcionan una plataforma centralizada

para almacenar, sincronizar y compartir archivos en todos los dispositivos. Con el almacenamiento en la nube, los miembros del equipo pueden colaborar en documentos en tiempo real, acceder a archivos desde cualquier lugar y mantener el control de versiones, eliminando la necesidad de adjuntos de correo electrónico o unidades USB engorrosas.

4. **Red Privada Virtual (VPN)**: Proteger datos sensibles y asegurar la privacidad es primordial en el trabajo remoto. Una VPN encripta el tráfico de internet, proporcionando una conexión segura a las redes corporativas y evitando el acceso no autorizado a información confidencial. Ya sea trabajando desde una cafetería o un espacio de coworking, una VPN asegura que los trabajadores remotos puedan acceder a los recursos de la empresa de manera segura.

5. **Software de seguimiento de tiempo**: Rastrear las horas facturables y monitorear la productividad es esencial para los trabajadores remotos. Software de seguimiento de tiempo como Toggl, Harvest o Clockify permite a las personas registrar con precisión el tiempo dedicado a varias tareas y proyectos. Esto no solo ayuda con la facturación de clientes y la gestión de proyectos, sino que también permite a los individuos identificar actividades que desperdician tiempo y optimizar su flujo de trabajo para una máxima eficiencia.

6. **Plataformas de reuniones virtuales**: Organizar reuniones y presentaciones virtuales es una ocurren-

cia común en el trabajo remoto. Plataformas como Zoom, GoToMeeting o Webex ofrecen funciones como videoconferencias, compartición de pantalla y capacidades de seminarios web, lo que facilita la realización de reuniones con colegas, clientes o partes interesadas sin importar su ubicación. Estas herramientas mejoran la colaboración y la comunicación, facilitando discusiones productivas y toma de decisiones.

7. **Software de escritorio remoto**: Acceder a computadoras o servidores de la oficina de forma remota puede ser necesario para ciertas tareas o aplicaciones. Software de escritorio remoto como TeamViewer, AnyDesk o Remote Desktop Protocol (RDP) permite a los usuarios conectarse a sus computadoras de trabajo desde cualquier lugar con una conexión a internet. Esto permite a los trabajadores remotos acceder a archivos, aplicaciones y recursos como si estuvieran físicamente presentes en la oficina, mejorando la productividad y la flexibilidad.

8. **Soluciones de ciberseguridad**: Protegerse contra amenazas cibernéticas es esencial en entornos de trabajo remoto. Software antivirus, cortafuegos (firewall) y herramientas de protección de terminales ayudan a proteger dispositivos y redes de malware, ataques de phishing y otros riesgos de seguridad. Además, programas de formación y concienciación para empleados educan a los trabajadores remotos sobre las mejo-

res prácticas de ciberseguridad y mitigan el riesgo de error humano.

9. **Edición colaborativa de documentos**: Colaborar en documentos en tiempo real es crucial para los equipos remotos. Plataformas como Google Docs, Microsoft Office Online o Notion permiten a múltiples usuarios editar documentos simultáneamente, rastrear cambios y dejar comentarios. Esto fomenta la colaboración y agiliza el proceso de revisión de documentos, asegurando que todos trabajen con la última versión de un documento.
10. **Herramientas de automatización de tareas**: Automatizar tareas repetitivas puede ahorrar tiempo y aumentar la eficiencia para los trabajadores remotos. Herramientas como Zapier, IFTTT, MerlinMagic.ai o Automate.io permiten a los usuarios crear flujos de trabajo que automatizan tareas rutinarias, como enviar recordatorios por correo electrónico, actualizar hojas de cálculo o publicar actualizaciones en redes sociales. Al eliminar procesos manuales, los trabajadores remotos pueden centrarse en tareas de mayor valor y mejorar su productividad general.

Aprovechar las herramientas y tecnologías adecuadas es esencial para el éxito en el trabajo remoto. Desde plataformas de comunicación y colaboración hasta software de gestión de proyectos y soluciones de ciberseguridad, invertir en las herramientas correctas puede mejorar la productividad, la eficiencia y la efectividad en un espacio de trabajo virtual. Al adoptar estas herramientas esenciales y adaptarse a las demandas del trabajo remoto, los individuos y las organizaciones pueden prosperar en un mundo cada vez más digital e interconectado.

Garantizar la productividad y la colaboración en línea

Asegurar la productividad y fomentar la colaboración en un entorno de trabajo en línea son esenciales para que los equipos remotos prosperen. A lo largo de los años, he aprendido valiosas estrategias y técnicas para promover la productividad y la colaboración entre los miembros del equipo, incluso cuando se trabaja desde diferentes ubicaciones.

Establecer objetivos y expectativas claras es crucial para que los equipos remotos se mantengan enfocados y alineados. Define claramente los objetivos del proyecto, las líneas de tiempo y los entregables para proporcionar claridad sobre lo que se necesita lograr y fomenta la comunicación abierta y la transparencia para asegurar que todos entiendan su papel y responsabilidades dentro del equipo.

Siempre usa metodologías ágiles, como Scrum o Kanban, para proporcionar un marco para la gestión de proyectos iterativa y colaborativa. Divide los proyectos en tareas manejables o historias de usuario, priorízalas según su importancia y urgencia, y sigue el progreso usando tableros visuales o herramientas digitales. Las reuniones diarias o check-ins permiten a los miembros del equipo discutir su progreso, compartir actualizaciones y abordar cualquier desafío u obstáculo.

Gestionar el tiempo de manera efectiva es crucial para que los trabajadores remotos mantengan la productividad y eviten distracciones. Anima a los miembros del equipo a utilizar técnicas de gestión del tiempo como la Técnica Pomodoro, el bloqueo de tiempo o la Matriz Eisenhower para priorizar tareas, asignar tiempo de manera eficiente y mantener el enfoque. Establece plazos e hitos realistas para mantener los proyectos en marcha y prevenir la procrastinación.

El trabajo remoto puede difuminar los límites entre la vida laboral y personal, lo que lleva al agotamiento y a una disminución de la productividad. Anima a los miembros del equipo a tomar descansos regulares, estirarse y desconectarse del trabajo para recargarse y rejuvenecerse. Fomentar un equilibrio saludable entre el trabajo y la vida personal y promover el bienestar de los empleados son esenciales para la productividad a largo plazo y la satisfacción laboral.

Utilizar herramientas y plataformas de colaboración es esencial para que los equipos remotos se comuniquen de manera efectiva y trabajen juntos sin problemas. Plataformas como Slack, Microsoft Teams o Discord proporcionan mensajería en tiempo real, compartición de archivos y capacidades de videoconferencia, permitiendo que los miembros del equipo colaboren sin importar su ubicación. Los documentos compartidos, wikis y bases de conocimiento facilitan el intercambio de información y la colaboración en proyectos.

Promueve la comunicación transparente para que los equipos remotos construyan confianza, resuelvan conflictos y fomenten la colaboración. Anima a los miembros del equipo a comunicarse abiertamente sobre su progreso, desafíos e ideas. Las reuniones regulares del equipo, los check-ins uno a uno y los cafés virtuales proporcionan oportunidades para que los miembros del equipo se conecten, compartan actualizaciones y aborden cualquier problema o preocupación.

Establece políticas y directrices de trabajo remoto para ayudar a establecer expectativas y asegurar la coherencia en todo el equipo. Define horarios de trabajo, protocolos de comunicación y tiempos de respuesta para proporcionar claridad sobre cuándo se espera que los miembros del equipo estén disponibles y respondan. Fomenta la flexibilidad y la autonomía mientras mantienes la responsabilidad y el profesionalismo en las prácticas de trabajo remoto.

El trabajo remoto puede requerir que las personas se adapten a nuevas herramientas, tecnologías y flujos de trabajo. Proporciona formación y apoyo adecuados para ayudar a los miembros del equipo a navegar los desafíos del trabajo remoto y maximizar su productividad. Ofrece recursos, tutoriales y mentoría entre compañeros para empoderar a los miembros del equipo a desarrollar las habilidades y la confianza necesarias para tener éxito en un entorno de trabajo virtual.

Siempre reconoce y celebra los logros, hitos y éxitos para aumentar la moral y motivar a los equipos remotos. Reconoce los logros individuales y del equipo, ya sean grandes o pequeños, y expresa aprecio por sus contribuciones. Las celebraciones virtuales, los premios del equipo y los reconocimientos en las reuniones del equipo ayudan a fomentar una cultura de trabajo positiva y de apoyo, incluso en un entorno remoto.

Pide retroalimentación a los miembros del equipo y a las partes interesadas para identificar áreas de mejora y fomentar el crecimiento y desarrollo continuo. Realiza retrospectivas o sesiones de retroalimentación periódicas para reflexionar sobre proyectos pasados, discutir las lecciones aprendidas e identificar oportunidades de mejora. Fomenta una cultura de aprendizaje continuo, experimentación y adaptación para impulsar la innovación y el éxito en el trabajo remoto.

Superando los desafíos de las operaciones remotas

En el mundo de los negocios operados de manera remota, superar los desafíos es fundamental para asegurar el triunfo y la continuidad de los entornos de trabajo virtuales. Si bien el trabajo remoto ofrece numerosas ventajas, también presenta obstáculos distintivos que deben resolverse para mantener la productividad, la colaboración y el bienestar de los empleados.

Entre los desafíos de las operaciones remotas se encuentran las barreras de comunicación. En ausencia de interacción cara a cara, los miembros del equipo pueden tener dificultades para transmitir el tono, la intención o el contexto de manera efectiva, lo que lleva a malentendidos o errores de comunicación. Para superar este desafío, utiliza una variedad de canales de comunicación como videoconferencias, mensajería instantánea y correo electrónico para facilitar una comunicación clara y transparente. Fomenta la escucha activa, realiza preguntas aclaratorias oportunas y ofrece actualizaciones regulares para asegurar una difusión fluida de la información entre los miembros del equipo.

El trabajo remoto también puede precipitar sentimientos de aislamiento y soledad, especialmente para los empleados acostumbrados a los entornos de oficina tradicionales. Sin las interacciones sociales y la camaradería propias de los ambientes de oficina, los trabajadores remotos pueden experimentar desconexión o soledad respecto a sus colegas. Para contrarrestar este desafío, prioriza las oportunidades para actividades de unión virtual del equipo, como cafés virtuales, ejercicios de construcción de equipo o eventos sociales en línea. Fomenta la comunicación y colaboración informal para nutrir un sentido de pertenencia y comunidad entre los miembros del equipo remoto.

Fomentar el mantenimiento de un equilibrio armonioso entre la vida laboral y personal es crucial para evitar el agotamiento y preservar el bienestar general. No obstante, el trabajo remoto puede difuminar la demarcación entre la vida profesional y personal, haciendo que los empleados tengan dificultades para desconectarse y recargarse. Para promover el equilibrio entre el trabajo y la vida personal, delimita límites claros entre las horas de trabajo y el tiempo personal, aboga por descansos regulares y periodos sin pantalla, y proporciona recursos y apoyo para manejar el estrés y la salud mental. Anima a los empleados a priorizar el autocuidado y establecer expectativas realistas para la carga de trabajo y la disponibilidad.

Las fallas técnicas y los problemas de conectividad pueden interrumpir las operaciones del trabajo remoto e impedir la productividad. La conectividad a internet inadecuada, los fallos de software o las averías de hardware pueden obstaculizar el acceso de los empleados a herramientas cruciales o dificultar la colaboración efectiva con los miembros del equipo. Para mitigar estos desafíos, proporciona una infraestructura tecnológica fiable y apoyo para los trabajadores remotos, que incluya acceso a internet de alta velocidad, software y hardware confiables, y asistencia técnica cuando sea necesario. Anima a los empleados a resolver de manera autónoma los problemas tecnológicos comunes y proporciona recursos o capacitación para equiparlos con los conocimientos necesarios para superar los obstáculos técnicos de manera efectiva.

Gestionar eficazmente equipos remotos requiere habilidades de liderazgo, comunicación y colaboración hábiles. Careciendo de proximidad física, los gerentes pueden luchar por proporcionar orientación, apoyo y retroalimentación a los miembros del equipo remoto. Para superar este obstáculo, concéntrate en cultivar la confianza, la transparencia y la responsabilidad dentro del equipo. Establece expectativas explícitas, metas y métricas de rendimiento para los empleados remotos, y proporciona retroalimentación regular y elogios por sus contribuciones. Fomenta la comunicación abierta y la colaboración a través de reuniones periódicas, reuniones de equipo y actualizaciones de proyectos para mantener la alineación y el compromiso entre los equipos remotos.

Los equipos remotos pueden incluir miembros de diversos orígenes culturales o zonas horarias, lo que genera desafíos relacionados con la comunicación, la colaboración y la sincronización del flujo de trabajo. Las disparidades culturales en estilos de comunicación, prácticas de trabajo o expectativas pueden requerir sensibilidad y conciencia para garantizar una colaboración y trabajo en equipo efectivos.

De manera similar, gestionar equipos que abarcan múltiples zonas horarias demanda una planificación meticulosa y coordinación para adaptarse a horarios y disponibilidad variados. Para abordar estos desafíos, propaga la conciencia y sensibilidad cultural dentro del equipo, instituye horarios de trabajo flexibles o tiempos de reunión para acomodar diversas zonas horarias y aprovecha herramientas y plataformas tecnológicas para facilitar la colaboración a través de fronteras geográficas.

Al abordar proactivamente estos desafíos e implementar estrategias efectivas para la comunicación, la colaboración y el apoyo, las organizaciones pueden superar los impedimentos de las operaciones remotas y cultivar un entorno de trabajo virtual próspero. Abrazar la flexibilidad, la adaptabilidad y la resiliencia es indispensable para navegar con éxito las complejidades del trabajo remoto y alcanzar la prosperidad perdurable en las operaciones virtuales.

CAPÍTULO 12 - MONITOREO Y ANÁLISIS DEL DESEMPEÑO

La importancia de monitorear el desempeño

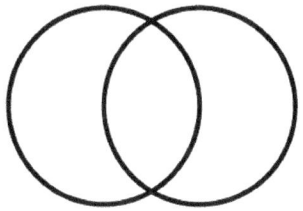

Monitorear el rendimiento es un aspecto crítico de la gestión de cualquier sitio web o negocio en línea. Proporciona información valiosa sobre qué tan bien está funcionando tu sitio web, identifica áreas de mejora y te ayuda a tomar decisiones informadas para optimizar tu presencia en línea. Como alguien profundamente comprometido con el éxito de mis emprendimientos en línea, he aprendido de primera mano la importancia de monitorear el rendimiento y aprovechar los datos para impulsar la mejora continua.

Una de las principales razones por las que monitorear el rendimiento es crucial es que te permite rastrear la efectividad de tus estrategias e iniciativas en línea. Ya sea que estés ejecutando campañas de marketing, lanzando nuevos productos o implementando cambios en el sitio web, monitorear el rendimiento te permite medir el impacto de estos esfuerzos y determinar su éxito. Sin un monitoreo adecuado, básicamente estás operando a ciegas, incapaz de evaluar la efectividad de tus acciones o identificar áreas que requieren atención.

Además, monitorear el rendimiento proporciona información valiosa sobre el comportamiento y las preferencias de los usuarios. Al analizar métricas como el tráfico del sitio web, las tasas de rebote y las tasas de conversión, puedes obtener una comprensión más profunda de cómo interactúan los usuarios con tu sitio web e identificar oportunidades de mejora. Por ejemplo, si notas una alta tasa de rebote en una página específica, puede indicar que el contenido o la experiencia del usuario deben optimizarse para involucrar mejor a los visitantes y animarlos a explorar más.

Otro beneficio clave de monitorear el rendimiento es que te ayuda a identificar y abordar problemas de manera oportuna. Ya sea un fallo técnico, una disminución en el tráfico del sitio web o una caída en las tasas de conversión, monitorear el rendimiento te permite detectar anomalías o discrepancias temprano y tomar medidas correctivas antes de que se conviertan en problemas más significativos. Este enfoque proactivo puede ayudar a minimizar el tiempo de inactividad, mitigar posibles pérdidas y mantener la integridad y confiabilidad de tu presencia en línea.

Además, monitorear el rendimiento te permite establecer puntos de referencia y seguir el progreso a lo largo del tiempo. Al establecer indicadores clave de rendimiento (KPI) y monitorear regularmente métricas relevantes, puedes rastrear tu rendimiento frente a objetivos y metas establecidas. Esto no solo te ayuda a medir la efectividad de tus estrategias, sino que también proporciona información valiosa sobre áreas donde estás destacando y áreas donde puede ser necesario corregir el rumbo.

En el panorama competitivo en línea de hoy, donde el éxito a menudo se determina mediante la toma de decisiones basada en datos, monitorear el rendimiento ya no es opcional, es esencial. Al aprovechar la gran cantidad de datos disponibles a través de herramientas y plataformas de análisis, puedes obtener información accionable sobre el rendimiento de tu sitio web, el comportamiento del usuario y la efectividad general en línea. Ya sea que seas un propietario de pequeña empresa, un emprendedor de comercio electrónico o un profesional del marketing digital, monitorear el rendimiento es una práctica fundamental que puede impulsar la mejora continua y, en última instancia, contribuir a tu éxito en línea.

Utilizando Google Analytics para obtener estadísticas

Utilizar Google Analytics para obtener información esencial cambia el juego cuando se trata de comprender el rendimiento de tu sitio web y el comportamiento del usuario. No se trata solo de recopilar datos; se trata de obtener información accionable que pueda impulsar decisiones estratégicas y mejoras. Como alguien comprometido con optimizar el impacto de mi presencia en línea, he llegado a depender de Google Analytics como una poderosa herramienta para obtener valiosos conocimientos sobre el rendimiento de mi sitio web y la participación del usuario.

Google Analytics ofrece una gran cantidad de funciones y capacidades que te permiten rastrear y analizar varios aspectos del rendimiento de tu sitio web. Desde métricas básicas como el tráfico del sitio web y las vistas de página hasta conocimientos más avanzados como la demografía y el comportamiento del usuario, Google Analytics proporciona una visión completa de cómo interactúan los usuarios con tu sitio web.

Uno de los principales beneficios de Google Analytics es su capacidad para rastrear el comportamiento del usuario en diferentes dispositivos y plataformas. Ya sea que tus usuarios accedan a tu sitio web desde una computadora de escritorio, un dispositivo móvil o una tableta, Google Analytics captura datos valiosos sobre sus hábitos y preferencias de navegación. Esta información te permite optimizar tu sitio web para diferentes dispositivos y garantizar una experiencia de usuario fluida en todas las plataformas.

Además, Google Analytics proporciona información valiosa sobre la adquisición de usuarios y las fuentes de tráfico. Al analizar métricas como el tráfico de referencia, la búsqueda orgánica y las referencias de redes sociales, puedes obtener información sobre de dónde proviene el tráfico de tu sitio web y qué canales están generando mayor participación. Esta información te permite refinar tus estrategias de marketing y asignar recursos de manera más efectiva a los canales que ofrecen el mayor retorno de la inversión.

También ofrece información detallada sobre la participación y el comportamiento del usuario en tu sitio web. Puedes rastrear métricas como la tasa de rebote, la duración promedio de la sesión y las tasas de conversión para comprender cómo interactúan los usuarios con tu contenido y navegan por tu sitio web. Armado con esta información, puedes identificar áreas de mejora, optimizar el diseño y el contenido de tu sitio web y, en última instancia, mejorar la experiencia general del usuario.

Una de las características más valiosas de Google Analytics es su capacidad para rastrear y medir la efectividad de tus campañas de marketing. Ya sea que estés ejecutando campañas de correo electrónico, anuncios en redes sociales o campañas de pago por clic, Google Analytics proporciona información valiosa sobre el rendimiento de la campaña, incluyendo métricas como tasas de clics, tasas de conversión y retorno de la inversión. Esta información te permite refinar tus estrategias de marketing, asignar presupuestos de manera más efectiva y maximizar el impacto de tus esfuerzos de marketing.

Google Analytics es una herramienta invaluable para obtener información sobre el rendimiento de tu sitio web y el comportamiento del usuario. Al aprovechar sus características y capacidades, puedes tomar decisiones informadas, optimizar tu sitio web para obtener el máximo efecto e impulsar la mejora continua. Ya seas un profesional experimentado del marketing digital o un propietario novato de un sitio web, Google Analytics te capacita para desbloquear todo el potencial de tu presencia en línea y alcanzar tus objetivos comerciales.

Herramientas de análisis alternativas

Aunque Google Analytics es sin duda una herramienta poderosa y ampliamente utilizada para el análisis de sitios web, hay varias herramientas de análisis alternativas disponibles que ofrecen características y capacidades únicas. He explorado varias herramientas de análisis para obtener una comprensión más profunda del rendimiento de mi sitio web y el comportamiento del usuario. Aquí hay algunas herramientas de análisis alternativas que he encontrado valiosas:

1. **Matomo (anteriormente Piwik):** Matomo es una plataforma de análisis de código abierto que ofrece características similares a Google Analytics, pero con un enfoque en la privacidad y seguridad de los datos. Con Matomo, puedes alojar el software de análisis en tu propio servidor, lo que te brinda control total sobre tus datos. Proporciona información completa sobre el tráfico del sitio web, el comportamiento del usuario y las tasas de conversión, lo que lo convierte en una opción popular para los usuarios que priorizan la privacidad y la propiedad de los datos.
2. **Mixpanel:** Mixpanel es una plataforma de análisis de usuarios que se especializa en el seguimiento y análisis de las interacciones de los usuarios con aplicaciones web y móviles. A diferencia de las herramientas de análisis tradicionales que se centran en las vistas de página y sesiones, Mixpanel ofrece seguimiento basado en eventos, lo que te permite monitorear acciones y comportamientos específicos de los usuarios. Esto te permite obtener una comprensión más profunda del compromiso del usuario, la retención y los embudos de conversión, lo que lo hace ideal para empresas con trayectorias de usuario complejas.
3. **Adobe Analytics:** Adobe Analytics es una sólida solución de análisis que ofrece características y capacida-

des a nivel empresarial para rastrear y analizar esfuerzos de marketing digital. Proporciona herramientas avanzadas de segmentación e informes, análisis de datos en tiempo real e integración con otras soluciones de marketing de Adobe. Con Adobe Analytics, puedes obtener una comprensión integral del comportamiento del cliente en múltiples canales y puntos de contacto, lo que te permite optimizar tus estrategias de marketing e impulsar el crecimiento del negocio.

4. **Hotjar:** Hotjar es una herramienta de análisis de comportamiento de usuario y retroalimentación que te ayuda a comprender cómo interactúan los usuarios con tu sitio web a través de mapas de calor, grabaciones de sesiones y encuestas de retroalimentación. Proporciona información visual sobre el comportamiento del usuario, lo que te permite identificar áreas de mejora y optimizar la experiencia del usuario. Con características como mapas de calor y grabaciones de sesiones, Hotjar te permite ver exactamente cómo navegan los usuarios por tu sitio web, dónde hacen clic y cómo interactúan con tu contenido.

5. **Clicky:** Clicky es una herramienta de análisis web en tiempo real que ofrece paneles intuitivos e informes fáciles de entender para rastrear el tráfico del sitio web y el comportamiento del usuario. Proporciona datos en tiempo real sobre los visitantes del sitio web, incluida su ubicación, dispositivo y fuente de referencia. Clicky también ofrece características de ma-

pas de calor, seguimiento de conversiones y seguimiento de objetivos para ayudarte a comprender el compromiso del usuario y los caminos de conversión. Con su interfaz fácil de usar y capacidades de monitoreo en tiempo real, Clicky es una opción popular para los propietarios de sitios web que valoran la simplicidad y la facilidad de uso.

Si bien Google Analytics es una fuerza dominante en el mundo del análisis de sitios web, existen varias herramientas de análisis alternativas disponibles que ofrecen características y capacidades únicas para satisfacer diferentes necesidades y preferencias. Ya sea que priorices la privacidad de los datos, el análisis del comportamiento del usuario o el monitoreo en tiempo real, hay una herramienta de análisis por ahí que puede ayudarte a obtener una comprensión más profunda del rendimiento de tu sitio web e impulsar la mejora continua. Al explorar estas herramientas de análisis alternativas, puedes encontrar la solución adecuada para tus necesidades específicas y llevar el análisis de tu sitio web al siguiente nivel.

Indicadores clave de rendimiento (KPI)

Vamos a adentrarnos en el mundo de los KPI y descubrir los secretos del éxito en línea. Imagina que te embarcas en un viaje por carretera hacia tu destino soñado. Tienes un mapa, pero sin hitos y señales en el camino, ¿cómo sabrías si estás en el camino correcto o si has llegado a tu destino? Ahí es donde entran los KPI, son como señales que te guían hacia tus objetivos en el vasto paisaje del mundo en línea.

Entonces, ¿qué son exactamente los KPI? Piensa en ellos como valores medibles que indican qué tan efectivamente estás logrando tus objetivos empresariales clave. Al igual que en nuestra analogía del viaje por carretera, los KPI te ayudan a rastrear el progreso, tomar decisiones informadas y mantenerte enfocado en tu destino final, el éxito.

Ahora, desglosemos el concepto de KPI en términos más simples. Imagina que tienes una tienda en línea que vende artesanías hechas a mano. Tu objetivo principal es aumentar las ventas y hacer crecer tu negocio. Pero, ¿cómo mides si estás avanzando hacia ese objetivo? Aquí es donde entran en juego los KPI.

Para tu tienda en línea, algunos indicadores clave de rendimiento podrían incluir:

1. **Tasa de Conversión:** Este KPI mide el porcentaje de visitantes del sitio web que realizan una compra. Una tasa de conversión más alta indica que tu sitio web

está convirtiendo efectivamente a los visitantes en clientes, impulsando el crecimiento de ingresos.
2. **Valor Promedio del Pedido (VPP):** El VPP es el monto promedio gastado por los clientes en cada compra. Seguir el VPP te ayuda a comprender los patrones de compra e identificar oportunidades para aumentar las ventas al alentar a los clientes a gastar más por transacción.
3. **Costo de Adquisición de Clientes (CAC):** El CAC mide cuánto cuesta adquirir un nuevo cliente. Al comparar el CAC con el valor del ciclo de vida del cliente (CLV), puedes determinar si tus esfuerzos de marketing están generando un retorno de inversión (ROI) positivo.
4. **Tráfico del Sitio Web:** Este KPI rastrea el número de visitantes a tu sitio web durante un período específico. Aumentar el tráfico del sitio web puede conducir a una mayor visibilidad, conciencia de marca y oportunidades de ventas potenciales.
5. **Satisfacción del Cliente (CSAT):** CSAT mide el nivel de satisfacción entre tus clientes. Al recopilar comentarios a través de encuestas o reseñas, puedes evaluar qué tan bien tus productos y servicios cumplen con las expectativas de los clientes e identificar áreas de mejora.
6. **Tasa de Abandono del Carrito:** Este KPI mide el porcentaje de usuarios que agregan elementos a su carrito de compras, pero abandonan el sitio web sin completar la compra. Una alta tasa de abandono del carri-

to puede indicar problemas con el proceso de pago o los precios, que requieren optimización para mejorar las tasas de conversión.

Ahora, pongamos en acción estos KPI con nuestro ejemplo de tienda en línea. Imagina que notas una disminución en las tasas de conversión y un aumento en las tasas de abandono del carrito. Esto señala posibles problemas en el proceso de compra, como un proceso de pago complicado o costos de envío inesperados. Al identificar estas tendencias a través de los KPI, puedes tomar medidas correctivas, como simplificar el proceso de pago u ofrecer incentivos de envío gratuito, para mejorar la experiencia de compra en general y aumentar las ventas.

Además de estos KPI cuantitativos, también es esencial considerar factores cualitativos que contribuyen al éxito en línea. Estos pueden incluir la reputación de la marca, la fidelidad del cliente y métricas de participación como las interacciones en redes sociales y las tasas de apertura de correos electrónicos. Si bien estas métricas pueden ser más difíciles de medir, proporcionan información valiosa sobre la salud general y la percepción de tu negocio.

En última instancia, la clave para aprovechar los KPI para el éxito en línea radica en establecer objetivos claros, seleccionar métricas relevantes y monitorear regularmente el rendimiento para identificar tendencias y oportunidades de mejora. Al usar los KPI como tu brújula guía, puedes navegar por el cambiante panorama del mundo en línea con confianza y llevar tu negocio hacia mayores alturas de éxito.

Mejoras iterativas basadas en análisis de datos

Las mejoras iterativas basadas en el análisis de datos son la piedra angular de la optimización continua en el ámbito digital. Imagina que eres un escultor creando una obra maestra de mármol. Cada cincelada y golpe de martillo refina la escultura, acercándola más a la perfección. De manera similar, en el mundo de los negocios en línea, el análisis de datos sirve como tu cincel, permitiéndote esculpir tu presencia digital en una obra de arte finamente ajustada.

Entonces, ¿qué quiero decir exactamente con mejoras iterativas? Bueno, se trata del proceso de hacer cambios incrementales en tu sitio web, estrategias de marketing y presencia en línea en general, basados en las ideas obtenidas del análisis de datos. En lugar de depender de corazonadas o conjeturas, las mejoras iterativas te permiten tomar decisiones informadas respaldadas por evidencia concreta.

Desglosemos el proceso de mejora iterativa en pasos manejables:

1. **Recopilación de Datos:** El primer paso en las mejoras iterativas es reunir datos de diversas fuentes, como analítica web, comentarios de clientes e investigación de mercado. Estos datos ofrecen ideas valiosas sobre el comportamiento del usuario, preferencias y tendencias, sirviendo como base para la toma de decisiones informadas.
2. **Análisis de Datos:** Una vez que has recopilado datos, el siguiente paso es analizarlos para identificar patrones, tendencias y áreas de mejora. Herramientas como Google Analytics, mapas de calor y plataformas de pruebas A/B pueden ayudarte a descubrir ideas valiosas sobre el rendimiento de tu sitio web, la participación del usuario y las tasas de conversión.
3. **Identificación de Oportunidades:** Con el análisis de datos en mano, puedes señalar áreas específicas de tu presencia en línea que podrían beneficiarse de la optimización. Esto podría incluir ajustes en los elementos de diseño del sitio web, la refinación de campañas de marketing o el mejoramiento de las ofertas de productos según los comentarios de los clientes.
4. **Implementación de Cambios:** Una vez identificadas las oportunidades de mejora, es hora de actuar. Implementa cambios en tu sitio web, estrategias de marketing o procesos comerciales basados en las ideas obtenidas del análisis de datos. Esto podría implicar redes diseñar páginas de destino, actualizar descripciones de productos o ajustar estrategias de precios

para alinearse mejor con las preferencias de los clientes.
5. **Medición del Impacto:** Después de implementar cambios, es crucial monitorear su impacto en los principales indicadores de rendimiento. Utiliza herramientas de análisis de datos para rastrear cambios en el tráfico del sitio web, las tasas de conversión y otros KPI relevantes para evaluar la efectividad de tus mejoras.
6. **Iteración y Refinamiento:** El proceso de mejora iterativa no termina con una sola ronda de cambios. En cambio, es un ciclo continuo de refinamiento y optimización. Monitorea continuamente los indicadores de rendimiento, recopila comentarios de los usuarios e itera en tus estrategias para impulsar la mejora continua con el tiempo.

Al adoptar la mentalidad de mejora iterativa, puedes adaptarte a las dinámicas cambiantes del mercado, responder a las necesidades de los clientes y mantenerte a la vanguardia de la competencia en el acelerado panorama digital. Recuerda, Roma no se construyó en un día, y lo mismo ocurre con el éxito en línea. Pero con paciencia, perseverancia y un compromiso con la toma de decisiones basada en datos, puedes esculpir tu presencia digital en una obra maestra que perdure a lo largo del tiempo.

Estrategias de optimización continua

La optimización continua es el latido del corazón de cualquier empresa en línea exitosa. Es el proceso de ajustar finamente tu presencia digital para maximizar el rendimiento, mejorar la experiencia del usuario e impulsar un crecimiento sostenible a lo largo del tiempo. Así como una máquina bien engrasada, tu negocio en línea requiere mantenimiento regular y optimización para garantizar que funcione con máxima eficiencia. En esta sección, exploraremos algunas estrategias para la optimización continua que te ayudarán a mantenerte a la vanguardia en el siempre cambiante panorama digital.

1. **Establecer objetivos y metas claras:** Antes de sumergirte en los esfuerzos de optimización, es esencial definir objetivos y metas claras para tu negocio en línea. Ya sea que tu objetivo sea aumentar el tráfico del sitio web, impulsar las tasas de conversión o mejorar la participación del cliente, tener objetivos específicos y medibles proporcionará dirección para tus estrategias de optimización.
2. **Monitorear regularmente los indicadores clave de rendimiento:** Mantén un estrecho seguimiento de los indicadores clave de rendimiento (KPI) relevantes para tus objetivos comerciales. Estos pueden incluir métricas como el tráfico del sitio web, las tasas de conversión, las tasas de rebote, la duración promedio de la sesión y los costos de adquisición de clientes. Al monitorear regularmente los KPI, puedes identificar

rápidamente áreas que requieren optimización y medir el impacto de tus esfuerzos con el tiempo.

3. **Utilizar pruebas A/B y experimentación:** Las pruebas A/B, también conocidas como pruebas divididas, te permiten comparar dos o más versiones de una página web, correo electrónico o anuncio para determinar cuál funciona mejor. Al probar diferentes elementos como titulares, botones de llamada a la acción y variaciones de diseño, puedes recopilar datos valiosos sobre las preferencias del usuario y optimizar tu contenido para obtener el máximo rendimiento.

4. **Optimizar el rendimiento del sitio web y la experiencia del usuario:** La velocidad del sitio web y la usabilidad juegan un papel crucial en la satisfacción del usuario y el ranking en los motores de búsqueda. Optimiza tu sitio web para la velocidad minimizando los tiempos de carga de la página, optimizando imágenes y contenido multimedia, y aprovechando la memoria caché y las redes de distribución de contenido (CDN). Además, concéntrate en mejorar la experiencia del usuario asegurando una navegación intuitiva, capacidad de respuesta móvil y llamadas a la acción claras en todo tu sitio.

5. **Invertir en optimización para motores de búsqueda (SEO):** El SEO es fundamental para impulsar el tráfico orgánico a tu sitio web y mejorar su visibilidad en las páginas de resultados de los motores de búsqueda (SERP). Realiza investigación de palabras clave para identificar términos de búsqueda relevantes y optimi-

za el contenido de tu sitio web, etiquetas meta y perfil de backlinks en consecuencia. Actualiza y refresca regularmente tu contenido para mantenerlo relevante y atractivo tanto para los usuarios como para los motores de búsqueda.

6. **Mantenerse al tanto de las tendencias y mejores prácticas de la industria:** El panorama digital está en constante evolución, con nuevas tecnologías, tendencias y mejores prácticas que surgen regularmente. Mantente informado sobre los desarrollos de la industria leyendo blogs, asistiendo a webinars y participando en foros y comunidades relevantes. Al mantenerte al día, puedes identificar nuevas oportunidades de optimización y adaptar tus estrategias para satisfacer las preferencias cambiantes del consumidor.

7. **Escuchar los comentarios de los clientes:** Tus clientes son una fuente valiosa de ideas sobre cómo puedes mejorar tus productos, servicios y experiencia general del usuario. Fomenta los comentarios a través de encuestas, redes sociales y canales de soporte al cliente, y utiliza estos comentarios para informar tus esfuerzos de optimización. Abordar las preocupaciones y puntos problemáticos de los clientes no solo mejorará la satisfacción, sino que también fomentará la lealtad y los negocios repetidos.

8. **Adoptar la toma de decisiones basada en datos:** Basa tus estrategias de optimización en datos en lugar de suposiciones o corazonadas. Utiliza herramientas de análisis para rastrear el comportamiento del usuario,

monitorear el rendimiento del sitio web y medir el impacto de tus esfuerzos de optimización. Analiza estos datos para identificar patrones, tendencias y áreas de mejora, y úsalos para informar futuras estrategias de optimización.

Al implementar estas estrategias para la optimización continua, puedes garantizar que tu negocio en línea siga siendo competitivo, relevante y exitoso en el panorama de Internet actual, que cambia rápidamente. Recuerda que la optimización es un proceso continuo, y mantenerse proactivo y adaptable es clave para el éxito a largo plazo.

Análisis para monitoreo de seguridad

Las herramientas de análisis, aunque suelen asociarse con la medición del rendimiento del sitio web y la participación del usuario, también pueden desempeñar un papel crucial en la monitorización de amenazas de seguridad y la detección de posibles ataques cibernéticos, ayudándote a proteger tu sitio web y datos sensibles de posibles amenazas.

Muchas plataformas de análisis ofrecen funciones de alerta en tiempo real que pueden notificarte inmediatamente de cualquier actividad sospechosa o anómala en tu sitio web. Configurando alertas personalizadas basadas en criterios predefinidos, como picos inusuales en el tráfico, intentos de acceso no autorizados o comportamiento de usuario sospechoso, puedes detectar y responder rápidamente a posibles amenazas de seguridad antes de que se agraven.

Las herramientas de análisis pueden analizar datos históricos y patrones de usuario para identificar anomalías o desviaciones del comportamiento normal. Al establecer métricas de referencia para el tráfico del sitio web, la actividad del usuario y otros indicadores clave, puedes detectar patrones inusuales o valores atípicos que puedan indicar una violación de seguridad o un ataque cibernético. Los algoritmos de detección de anomalías automatizados pueden ayudar a señalar actividad sospechosa para una mayor investigación, lo que te permite tomar medidas proactivas para mitigar posibles riesgos.

El análisis también puede proporcionar valiosos conocimientos sobre la autenticación del usuario y los mecanismos de control de acceso, ayudándote a identificar posibles vulnerabilidades y debilidades en tus protocolos de seguridad. Al analizar los intentos de inicio de sesión, los patrones de autenticación del usuario y los permisos de acceso, puedes detectar intentos de acceso no autorizados o actividad de inicio de sesión sospechosa que pueda indicar una amenaza de seguridad. La implementación de autenticación multifactorial, políticas de contraseñas sólidas y revisiones regulares de acceso de usuario puede ayudar a mejorar la seguridad y prevenir el acceso no autorizado a tu sitio web y datos sensibles.

Las herramientas de análisis suelen incluir capacidades robustas de registro de eventos y auditoría que te permiten rastrear y monitorear las actividades de los usuarios, los eventos del sistema y los incidentes relacionados con la seguridad en tiempo real. Al mantener registros detallados de las interacciones de los usuarios, los cambios en el sistema y los eventos de seguridad, puedes rastrear el origen de los incidentes de seguridad, investigar violaciones de seguridad y realizar análisis forenses para identificar la causa raíz de los incidentes de seguridad. Revisar y analizar regularmente los registros de auditoría puede ayudar a detectar y mitigar las amenazas de seguridad de manera más efectiva, lo que te permite tomar medidas proactivas para proteger tu sitio web y datos.

Muchas plataformas de análisis ofrecen integraciones con soluciones y servicios de seguridad de terceros, lo que te permite mejorar tus capacidades de monitoreo de seguridad y automatizar los procesos de detección y respuesta a amenazas. Al integrar el análisis con sistemas de gestión de información y eventos de seguridad (SIEM), sistemas de detección y prevención de intrusiones (IDPS) y plataformas de inteligencia de amenazas, puedes correlacionar eventos de seguridad, identificar amenazas emergentes y automatizar flujos de trabajo de respuesta a incidentes. Estas integraciones te permiten aprovechar el poder del análisis para fortalecer tu postura de ciberseguridad y defenderte eficazmente contra las amenazas cibernéticas en evolución.

El análisis también puede ayudar a las organizaciones a garantizar el cumplimiento de los requisitos regulatorios y las normas de la industria mediante el monitoreo de métricas de seguridad clave y la generación de informes de cumplimiento. Al rastrear KPI relacionados con la seguridad, registros de auditoría y controles de acceso, puedes demostrar el cumplimiento de regulaciones de protección de datos como GDPR, HIPAA, PCI DSS y otros. Las herramientas de análisis pueden generar informes de cumplimiento exhaustivos, facilitar auditorías regulatorias y proporcionar información sobre áreas que requieren remedios o mejoras para mantener el cumplimiento.

Las herramientas de análisis ofrecen capacidades poderosas para el monitoreo de seguridad y la detección de amenazas, lo que permite a las organizaciones identificar y mitigar proactivamente los riesgos de seguridad, proteger datos sensibles y mantener el cumplimiento de los requisitos regulatorios. Al aprovechar el análisis para el monitoreo de seguridad, puedes mejorar tu postura de ciberseguridad, fortalecer tus defensas contra amenazas cibernéticas y proteger tus activos en línea y tu reputación.

Conclusión del desempeño del seguimiento

En conclusión, el monitoreo del rendimiento no es solo una tarea rutinaria, sino un aspecto crítico para mantener una presencia exitosa en línea. A través de los conocimientos obtenidos de las herramientas de análisis, las empresas pueden tomar decisiones informadas, optimizar sus estrategias y promover mejoras continuas en todos los aspectos de sus operaciones digitales.

Al adoptar el concepto de espacio de trabajo virtual, utilizar herramientas y tecnologías esenciales para el trabajo remoto y garantizar la productividad y colaboración en línea, las organizaciones pueden navegar eficazmente por los desafíos de las operaciones remotas y maximizar la eficiencia y efectividad.

Además, la implementación de medidas de seguridad sólidas, el aprovechamiento de herramientas de análisis alternativas y el monitoreo de indicadores clave de rendimiento (KPI) para el éxito en línea son pasos esenciales para protegerse contra amenazas cibernéticas, garantizar la protección de datos y mantener el cumplimiento normativo.

A través de mejoras iterativas basadas en el análisis de datos, estrategias de optimización continua y monitoreo de seguridad proactivo, las empresas pueden mantenerse a la vanguardia, adaptarse a las dinámicas cambiantes del mercado y lograr un crecimiento y éxito sostenibles en la era digital.

En resumen, el monitoreo del rendimiento no se trata solo de rastrear números o métricas, se trata de obtener conocimientos valiosos, identificar oportunidades de mejora y lograr resultados significativos. Al adoptar un enfoque basado en datos para el monitoreo del rendimiento y el análisis, las organizaciones pueden desbloquear su máximo potencial, impulsar la innovación y alcanzar sus objetivos en el paisaje dinámico y competitivo de hoy.

CAPÍTULO 13 - CONCLUSIÓN

Resumen de aprendizajes clave

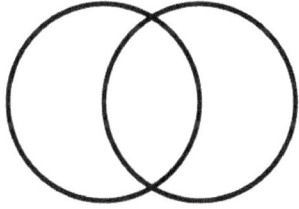

A medida que nos acercamos a la conclusión de nuestro viaje a través del reino de la magia en línea, es esencial reflexionar sobre las numerosas lecciones aprendidas y los conocimientos adquiridos. A lo largo de esta exploración exhaustiva, hemos profundizado en las complejidades de crear una presencia en línea exitosa, desde los elementos fundamentales hasta las estrategias avanzadas. Ahora, tomemos un momento para recapitular los aprendizajes clave que pueden guiarnos hacia un éxito sostenido en el ámbito digital.

1. **Entendiendo la Importancia de un Sitio Web:** En el corazón de cualquier empresa en línea exitosa se en-

cuentra un sitio web bien diseñado y orientado a un propósito. Sirve como piedra angular de tu identidad digital, ofreciendo una plataforma para el compromiso, la interacción y la conversión. Al reconocer el papel fundamental de tu sitio web, estableces las bases para construir una presencia en línea sólida.

2. **Análisis de Audiencia y Estrategia de Contenido:** Central para el éxito de cualquier sitio web es su capacidad para resonar con su audiencia objetivo. A través de un análisis meticuloso de la audiencia y el desarrollo de una estrategia de contenido personalizada, puedes asegurarte de que tus ofertas digitales se alineen perfectamente con las necesidades, preferencias y aspiraciones de tus visitantes. La creación de contenido convincente y llamadas a la acción forma el fundamento del compromiso y la conversión del usuario.

3. **Diseño y Optimización de la Experiencia del Usuario:** Estética y funcionalidad van de la mano en el ámbito digital. Al priorizar los principios de diseño centrados en el usuario y optimizar la experiencia del usuario en general, creas un entorno acogedor e intuitivo para los visitantes. Desde la navegación fluida hasta la estética visualmente impactante, cada aspecto de tu sitio web debe ser meticulosamente diseñado para deleitar y comprometer a los usuarios.

4. **Mantenimiento y Seguridad del Sitio Web:** El panorama digital está en constante evolución, lo que requiere mantenimiento continuo y medidas de seguri-

dad vigilantes. Actualizaciones regulares, copias de seguridad y protocolos de seguridad son esenciales para proteger tu sitio web contra amenazas cibernéticas y garantizar un funcionamiento ininterrumpido. Al priorizar el mantenimiento y la seguridad del sitio web, demuestras tu compromiso de proporcionar una experiencia en línea segura y confiable para tu audiencia.

5. **Estrategias de Marketing y Tácticas de Monetización:** Una estrategia de marketing bien ejecutada es indispensable para generar tráfico, generar clientes potenciales y maximizar los ingresos. Desde aprovechar el poder de la optimización de motores de búsqueda (SEO) hasta aprovechar las redes sociales y los canales de marketing tradicionales, las posibilidades para promocionar tu sitio web son vastas y variadas. De manera similar, explorar diversos métodos de monetización, desde Google AdWords hasta programas de afiliados, puede abrir nuevas vías para generar ingresos y expandir tu huella digital.

6. **Abrazar el Espacio de Trabajo Virtual:** En un mundo cada vez más interconectado, el concepto de la oficina virtual ha surgido como una alternativa viable a los espacios de trabajo tradicionales. Al abrazar las herramientas y tecnologías de trabajo remoto, puedes crear un entorno de trabajo flexible y dinámico que trascienda las fronteras geográficas. Desde mejorar la colaboración hasta fomentar la productividad, la oficina

virtual ofrece innumerables beneficios para las empresas modernas y los profesionales por igual.

7. **Monitoreo de Rendimiento y Analítica:** Los conocimientos basados en datos son indispensables para optimizar tu presencia en línea e impulsar la mejora continua de tu sitio web. Al aprovechar herramientas como Google Analytics y monitorear indicadores clave de rendimiento (KPI), obtienes valiosos conocimientos sobre el comportamiento del usuario, el rendimiento del sitio web y la efectividad general. Armado con este conocimiento, puedes refinar tus estrategias en línea, identificar áreas de crecimiento y adaptarte a las dinámicas del mercado en evolución.

Estímulo para el desarrollo continuo

Queridos lectores,

Felicitaciones por dar el paso significativo de establecer su presencia en línea a través de la creación de su sitio web. Ahora que su huella digital está firmemente plantada en el vasto paisaje de Internet, es esencial nutrir y cultivar esta extensión virtual de usted mismo o de su negocio con cuidado y dedicación.

Piense en su sitio web como algo más que una colección de páginas web, es una entidad viva que requiere atención y mantenimiento continuos. Ya sea que su sitio web sirva como un portafolio personal, una vitrina para sus esfuerzos creativos o una tienda para su negocio, tiene un valor y un potencial inmensos.

Para aquellos que han construido sus sitios web con fines comerciales, es crucial reconocer que su sitio web es un reflejo directo de la imagen y la ética de su empresa. Cada elemento de su sitio, desde su diseño hasta su contenido, sirve como un testimonio de su profesionalismo, credibilidad y dedicación a la calidad. Como tal, es imperativo asegurarse de que su sitio web transmita el mensaje correcto a sus visitantes, dejando una impresión duradera que inspire confianza y seguridad.

Cuando se trata de diseño, la simplicidad reina supremamente. Recuerde el antiguo dicho: "Pan con lo mismo". Busque un diseño limpio e intuitivo que priorice la usabilidad y la funcionalidad por encima de las estéticas llamativas. Si bien elementos visuales como obras de arte y animaciones pueden mejorar el atractivo de su sitio web, ejerza moderación para evitar que eclipsen su mensaje y objetivos principales.

Mantener el delicado equilibrio entre el ingenio artístico y la practicidad es clave. Apunte a una mezcla armoniosa de elementos visuales y contenido textual, con un ligero énfasis en este último para una visibilidad óptima en los motores de búsqueda. Además, aproveche las animaciones con prudencia, asegurándose de que mejoren en lugar de restar valor a la experiencia del usuario.

Sobre todo, recuerde que construir un sitio web exitoso no es un esfuerzo único, es un viaje continuo de crecimiento, perfeccionamiento y adaptación. Manténgase comprometido con su sitio web, actualizando y optimizando regularmente su contenido, diseño y funcionalidad para mantenerse al día con las tendencias cambiantes y las preferencias de los usuarios.

Mientras se embarca en este viaje continuo de desarrollo y optimización de sitios web, aproveche la oportunidad para aprender, experimentar e innovar. Permita que su sitio web sirva como un reflejo dinámico de su pasión, creatividad y compromiso con la excelencia.

Reflexiones finales sobre la magia en línea, el verdadero camino hacia el éxito

En el vasto y siempre cambiante terreno de internet, las historias de triunfo rápido a menudo cautivan nuestra imaginación y encienden nuestras ambiciones. Todos hemos escuchado las famosas historias de personas que aparentemente encontraron oro con un solo sitio web, ascendiendo a la fama y la fortuna en un abrir y cerrar de ojos. Sin embargo, al examinar más de cerca, nos damos cuenta de que tales narrativas son solo mitos, muy alejados de las realidades de construir y mantener una exitosa presencia en línea.

Indudablemente, el camino hacia el éxito en línea está lleno de desafíos, contratiempos e incertidumbres. Si bien es cierto que construir un sitio web es un primer paso crucial, es apenas el comienzo de un largo y arduo viaje. Contrario a la creencia popular, el éxito no se materializa de la noche a la mañana; es el resultado de la perseverancia, la determinación y el compromiso inquebrantable.

Considera a los titanes de la era digital: Google, Facebook, Twitter, Wikipedia y muchos otros, cuyo ascenso meteórico a la prominencia no fue para nada instantáneo. Detrás de cada historia de éxito hay un relato de dedicación implacable, esfuerzo incansable y fe inquebrantable en una visión. Estos pioneros se atrevieron a soñar en grande, desafiando las probabilidades y superando obstáculos para labrar su lugar legítimo en los anales de la historia.

Reflexionando sobre mi propio viaje, recuerdo los humildes comienzos de mi primera empresa en línea, una incipiente compañía de comercio electrónico lanzada desde los confines de mi propia habitación. Armado con poco más que un presupuesto ajustado y una ambición desbordante, emprendí un viaje lleno de incertidumbre y dudas. Sin embargo, mediante pura determinación y esfuerzo, transformé mi visión en realidad, construyendo una gran empresa que atiende a clientes en todo el mundo.

Sin embargo, el éxito no llegó sin sus propios desafíos. Recuerdo vívidamente las noches de insomnio dedicadas a manejar consultas de clientes, administrar servidores y navegar por las complejidades del comercio en línea. Sin embargo, fue a través de la adversidad que descubrí el verdadero poder de la resiliencia y la inventiva.

Al reflexionar sobre mi viaje, me vienen a la mente las valiosas lecciones aprendidas en el camino. Entre ellas, destaca la importancia de adoptar una mentalidad de abundancia y posibilidad. En un mundo rebosante de oportunidades, el éxito no es un recurso finito reservado para unos pocos privilegiados, es un manantial ilimitado de potencial esperando ser aprovechado.

En este mundo acelerado y competitivo, la clave del éxito no radica en la complacencia pasiva, sino en la acción proactiva. Atrévete a soñar en grande, acércate a posibles colaboradores y socios, y aprovecha cada oportunidad con una determinación inquebrantable. Recuerda, el éxito no se otorga a unos pocos afortunados, se gana mediante la perseverancia, la resiliencia y un compromiso inquebrantable con la excelencia.

Al despedirnos de esta exploración de la magia en línea, llevemos con nosotros las lecciones aprendidas y los conocimientos adquiridos en nuestro viaje hacia el éxito. Armados con un espíritu de resiliencia, una sed de conocimiento y una creencia inquebrantable en nuestro potencial, podemos conquistar cualquier desafío y alcanzar la grandeza más allá de toda medida.

Para las almas valientes que se atreven a soñar, los innovadores incansables que desafían las probabilidades y los optimistas inquebrantables que creen en el poder transformador de la magia en línea. Que tu viaje esté lleno de oportunidades ilimitadas, crecimiento interminable y éxito incomparable.

Hasta que nos encontremos de nuevo en la frontera digital, sigue soñando, sigue esforzándote y nunca pierdas de vista la magia que reside dentro de ti.

Con los más cálidos saludos,
Andree Ochoa

GLOSARIO

1. **AOV (Average Order Value):** El valor promedio de dinero gastado por los clientes en una sola transacción en un sitio web.
2. **Anchor Text:** El texto clicqueable en un hipervínculo, a menudo utilizado para proporcionar contexto o describir el contenido vinculado.
3. **Back-links:** Enlaces desde sitios web externos que dirigen a los usuarios a una página web específica en tu sitio web, considerados importantes para el SEO.
4. **CAC (Customer Acquisition Cost):** El costo incurrido por un negocio para adquirir un nuevo cliente.
5. **CDN (Content Delivery Network):** Una red de servidores distribuidos que entregan contenido web a los usuarios según su ubicación geográfica, mejorando el rendimiento y la velocidad del sitio web.
6. **CLV (Customer Lifetime Value):** Los ingresos totales que una empresa espera obtener de un solo cliente durante la duración de su relación.

7. **CMS (Content Management System):** Una aplicación de software o plataforma que permite a los usuarios crear, gestionar y modificar contenido digital en un sitio web sin requerir experiencia técnica.
8. **CSS (Cascading Style Sheets):** Un lenguaje de hojas de estilo utilizado para definir la presentación visual y el diseño de los elementos HTML en una página web.
9. **CTA (Call to Action):** Una indicación o directiva que anima a los usuarios a realizar una acción específica, como hacer una compra, suscribirse a un boletín o registrarse en un servicio.
10. **DDoS (Distributed Denial of Service):** Un ciberataque en el que se utilizan múltiples sistemas comprometidos para inundar un sitio web o red objetivo con tráfico excesivo, causando que no esté disponible para usuarios legítimos.
11. **Nombre de Dominio:** El nombre único que identifica un sitio web en Internet, a menudo utilizado en URLs para acceder a páginas web.
12. **HTML (Hypertext Markup Language):** El lenguaje de marcado estándar utilizado para crear y estructurar contenido en páginas web.
13. **Hosting:** El servicio o proceso de proporcionar espacio de almacenamiento y acceso para sitios web en servidores conectados a Internet.
14. **JavaScript:** Un lenguaje de programación comúnmente utilizado para agregar interactividad y comportamiento dinámico a páginas web.

15. **KPIs (Key Performance Indicators):** Métricas cuantificables utilizadas para evaluar el éxito y el rendimiento de un sitio web o campaña de marketing digital.
16. **Meta Tags:** Etiquetas HTML que proporcionan metadatos sobre una página web, incluyendo información como el título de la página, la descripción y las palabras clave.
17. **MFA (Multi-Factor Authentication):** Un mecanismo de seguridad que requiere que los usuarios proporcionen múltiples formas de verificación para acceder a una cuenta o sistema, mejorando la seguridad.
18. **PCI DSS (Payment Card Industry Data Security Standard):** Normas de seguridad establecidas para proteger datos sensibles de tarjetas de pago y garantizar transacciones de pago seguras.
19. **PHP:** Un lenguaje de script del lado del servidor comúnmente utilizado para el desarrollo web para crear páginas web y aplicaciones dinámicas.
20. **PPC (Pay-Per-Click):** Un modelo de publicidad en línea en el que los anunciantes pagan una tarifa cada vez que un usuario hace clic en su anuncio.
21. **ROI (Return on Investment):** Una medida de la rentabilidad o eficacia de una inversión, calculada dividiendo la ganancia neta o el beneficio por el costo de la inversión inicial.
22. **RSS Feed:** Un feed web que permite a los usuarios acceder y recibir contenido actualizado de sitios web en un formato estandarizado.

23. **SEO (Search Engine Optimization):** El proceso de optimizar un sitio web para mejorar su visibilidad y clasificación en las páginas de resultados de los motores de búsqueda (SERPs), lo que conduce a un aumento del tráfico orgánico (no pagado).
24. **SEM (Search Engine Marketing):** Una estrategia de marketing digital que implica promocionar sitios web aumentando su visibilidad en las páginas de resultados de los motores de búsqueda mediante publicidad pagada.
25. **SERPs (Search Engine Results Pages):** Las páginas mostradas por los motores de búsqueda en respuesta a la consulta de un usuario, que contienen una lista de sitios web relevantes clasificados según su relevancia y autoridad.
26. **SSL (Secure Sockets Layer):** Un protocolo de seguridad que cifra los datos transmitidos entre el navegador web de un usuario y el servidor de un sitio web, garantizando una comunicación segura y privada.
27. **TLS (Transport Layer Security):** El sucesor de SSL, TLS es un protocolo criptográfico utilizado para asegurar comunicaciones en una red informática.
28. **Diseño Centrado en el Usuario (UCD):** Un enfoque de diseño que prioriza las necesidades, preferencias y experiencias de los usuarios para crear productos o servicios intuitivos, accesibles y fáciles de usar.
29. **WAF (Firewall de Aplicaciones Web):** Un sistema de seguridad que monitorea, filtra y bloquea el tráfico

malicioso para proteger las aplicaciones web de ciberataques y vulnerabilidades.
30. **Directrices de Accesibilidad del Contenido Web (WCAG):** Un conjunto de pautas y estándares desarrollados para garantizar que el contenido digital sea accesible para usuarios con discapacidades.
31. **Tráfico Web:** La cantidad de datos enviados y recibidos por visitantes a un sitio web, a menudo utilizado como una métrica para medir el rendimiento y la popularidad del sitio web.
32. **Sitio Web:** Una colección de páginas web y contenido digital accesible a través de Internet, típicamente alojado en un nombre de dominio.
33. **WordPress:** Un popular sistema de gestión de contenido (CMS) de código abierto utilizado para crear y gestionar sitios web, blogs y tiendas en línea.
34. **XSS (Cross-Site Scripting):** Un tipo de vulnerabilidad de seguridad en aplicaciones web que permite a los atacantes inyectar scripts maliciosos en páginas web visualizadas por otros usuarios.

DESLINDE DE RESPONSABILIDAD

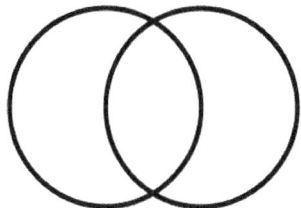

Esta publicación tiene como objetivo proporcionar información precisa y autorizada sobre el tema tratado. Es importante señalar que, con la excepción de Domain-Cart.com, el autor no está afiliado a las empresas mencionadas en este libro, sin que esto pueda cambiar en el futuro. Además, las empresas mencionadas en este documento son propietarias de sus respectivas marcas comerciales.

El contenido de esta publicación es solo para fines informativos y no debe interpretarse como asesoramiento profesional o servicios. El autor y el editor no aceptan responsabilidad por cualquier mal uso del material presentado, ni asumen responsabilidad por cualquier pérdida o daño incurrido directa o indirectamente a partir de la información proporcionada en este libro. No se garantiza que las personas que implementen las estrategias, sugerencias, consejos, ideas o técnicas descritas en este libro logren el éxito.

Todos los derechos reservados. Ninguna parte de este libro puede ser reproducida, almacenada en un sistema de recuperación, o transmitida de ninguna manera, electrónica, mecánica, fotocopiado, grabación, u otro medio, sin el permiso previo por escrito del autor. La reproducción no autorizada, distribución o compartir de este libro está prohibido por ley. Si se necesita asesoramiento profesional o asistencia de expertos, se recomienda consultar a un profesional calificado.

www.ingramcontent.com/pod-product-compliance
Lightning Source LLC
Chambersburg PA
CBHW052309220526
45472CB00001B/37